GANZ EINFACH . . .
ZEICHNEN

LEKTION FÜR LEKTION ZUM ZEICHENERFOLG
VON UND MIT CHRIS STAHMER

INHALT

»BEGINNEN UND ÜBEN«

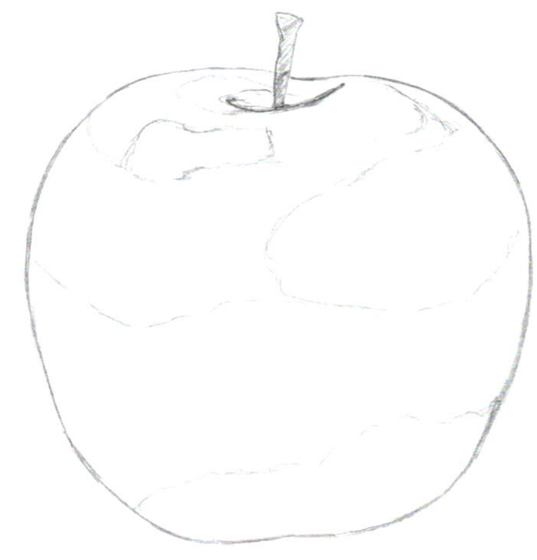

Online-Videos und Vorlagen-Download

Die Videos und Vorlagen zu diesem Buch stehen in deiner Digitalen Bibliothek unter **www.topp-kreativ.de/digibib** nach erfolgter Registrierung bereit. Den Freischalte-Code findest du im Impressum.

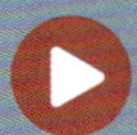

Dieses Symbol zeigt dir, wo ein Video zur Verfügung steht.

Alle Lektionen, die orangefarben gekennzeichnet sind, bieten wichtiges Allgemeinwissen.

VORWORT

HEY, MEINE ZEICHENFREUNDIN, MEIN ZEICHENFREUND,

Yeah, auf geht's zum ersten Motiv. In vielen Büchern startet man mit komplexeren Bildern und lässt Grundskizzen einfach aus. Vor allem für Einsteiger ins Zeichnen finde ich das jedoch eher unverständlich. Daher möchte ich mit dir das Zeichnen anders angehen.

Von der ersten Skizze bis zum fertigen Bild. Jeder Schritt ist wichtig und verdient Beachtung. Nur wenn man im Detail weiß, wie es geht, und es auch nachvollziehen kann, ist man in der Lage, es perfekt umsetzen. Und dann macht es erst richtig Spaß! Dein Ergebnis wird dich stolz machen, sodass du hungrig auf mehr wirst. Doch genug der langen Worte ... Taten warten!

»LAUFEN MUSS GELERNT WERDEN, ZEICHNEN AUCH!«

Ich möchte dich am Anfang nicht langweilen mit unzähligen Informationen über Material und Techniken. Stattdessen werden wir alles gemeinsam auf unserer Reise in diesem Buch kennenlernen. Wir lernen, indem wir Material und Techniken gleich an einem Motiv anwenden. Das heißt, wir verbinden Wissen mit Praxis.

Dabei wünsche ich dir viel Spaß. Und sollte es nicht auf Anhieb klappen, gib nicht auf, sondern sieh dir das Video zur jeweiligen Lektion in deiner Digitalen Bibliothek an.

Du bist nicht allein!

Dein

MEINE GESCHICHTE

Bevor wir gleich richtig loslegen werden, möchte ich mich aber zunächst einmal vorstellen. Du sollst schließlich wissen, mit wem du hier auf diese Zeichenreise gehst. Nun, mein Name ist Chris Stahmer und ich habe einen wohl eher unkonventionellen Weg zum Zeichnen gefunden.

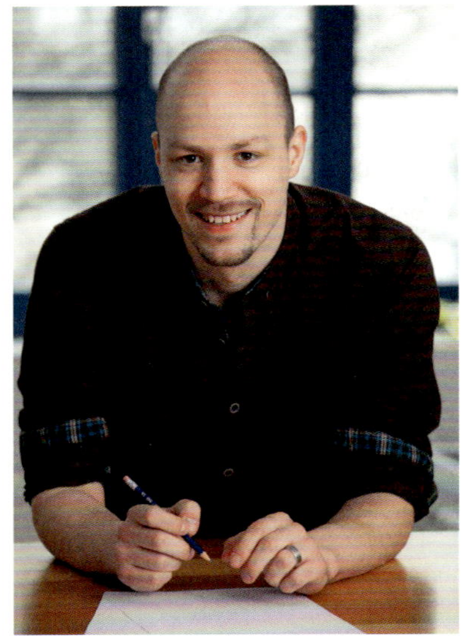

Weder habe ich Kunst studiert noch eine Hochschule besucht. Ich habe mir das, was ich kann, in den letzten Jahren mühsam selbst erarbeitet. Was wohl mit einer der Gründe ist, warum ich es anderen leichter machen möchte. Oft saß ich damals vor dem leeren Blatt und war frustriert. Ich war gerade 18 Jahre alt und kam aus der Schule. Ich wusste nicht genau wohin mit mir oder was ich tun sollte.
Orientierungslos suchte ich etwas Passendes. Es war eine etwas düstere Zeit damals. Schließlich entschied ich mich Koch zu werden in der Hoffnung, dort Kreativität zu finden. Tja, was ich mir dabei gedacht habe, weiß ich heute auch nicht mehr. Ich fand einen rauen Ton, aber keine Kreativität.

Nun gut, es musste etwas Neues her. Eines Nachts schaltete ich im TV herum und blieb auf einem Sender hängen, dessen Sprache ich nicht verstand. Es war aber auch gar nicht nötig. Es war eine Folge des Malers Bob Ross. Wie er mit Farbe und Pinsel auf der Leinwand Landschaften zauberte, konnte ich auch ohne Sprachkenntnisse sofort verstehen und etwas in mir fing Feuer. Am nächsten Tag ging ich los und kaufte mir eine Leinwand, Pinsel und Farbe. Zu Hause angekommen legte ich gleich los. Ich war total euphorisch und hoch motiviert.

Ich denke es ist sehr wichtig, dass man versucht das zu tun, was man wirklich möchte. Man sollte dem aber mit ganzem Herzen und voller Leidenschaft nachgehen. Alles andere kommt dann von alleine.
Allmählich wurde ich immer besser und wollte schnell auch andere kreative Bereiche und Techniken entdecken. So kam ich zum Zeichnen. Es war noch einmal etwas ganz Neues. Doch das, was ich schon gelernt hatte, konnte ich fantastisch ins Zeichnen einarbeiten. Und dabei bin ich geblieben. Heute ist Zeichnen mein Beruf und meine Berufung.
Ich baute die Online-Zeichenschule „www.perfektzeichnen.de" auf und viele Menschen aus der ganzen Welt haben bei mir nun schon das Zeichnen gelernt. Sie haben ihr Leben damit bereichert und genießen es, dass sie sich mit dem Zeichnen auch mal eine Auszeit gönnen können. Und das ist sehr wichtig. Wir leben in einer wirklich hektischen Zeit, wo alles schnell gehen muss, findest du nicht auch?

»DURCHHALTEN WIRD BELOHNT!«

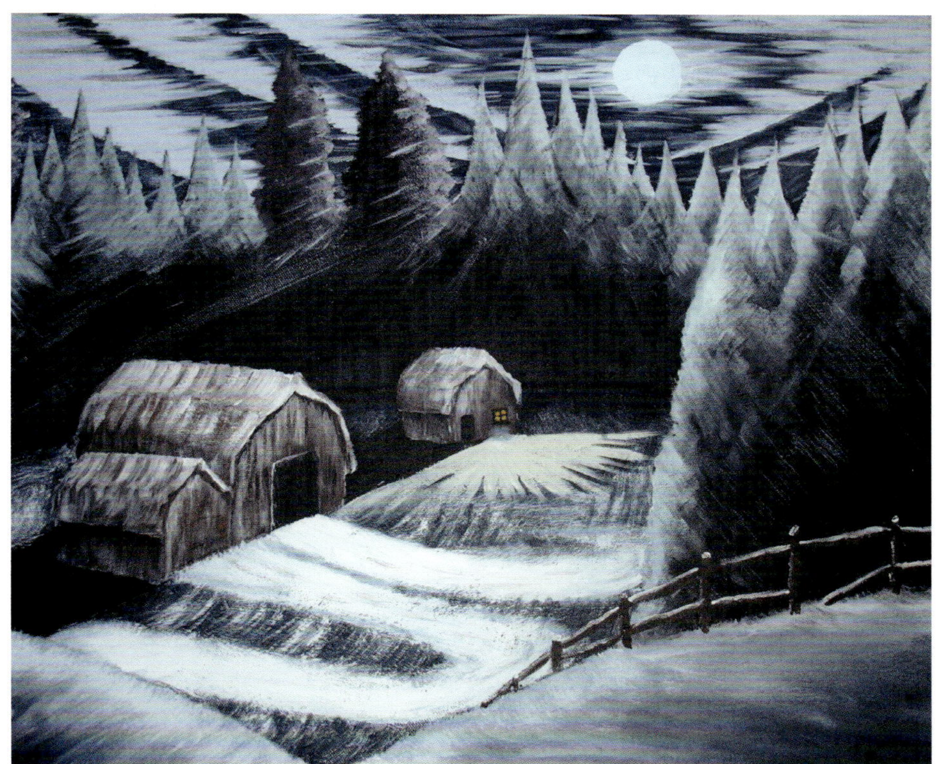

MEIN ERSTES BILD
Zurückschauend ist es wohl noch nicht wirklich ein Meisterwerk. Die Bäume sehen ein wenig wie Pfeilspitzen aus. Licht und Schatten sind total übertrieben. Doch ich muss sagen, es ist ein sehr wichtiges Bild für mich. Damit fing alles an. Denn obwohl es noch nicht wirklich gut war, wollte ich mehr. Ich merkte, dass mir das Malen gut tat. Ich hatte das Gefühl endlich das Richtige für mich gefunden zu haben. Und ich blieb dran.

»ABSCHALTEN VOM ALLTAG!«

MITTLERWEILE HABE ICH seit über 10 Jahren Zeichenerfahrung und viele Tipps und Tricks gesammelt, die einem das Zeichnen leichter machen können. Damals war ich oft frustriert, da ich niemanden hatte der mir sagte, wie ich es einfacher und besser machen kann. Mit diesem Buch möchte ich dir das aber ersparen. Profitiere von dem Wissen das ich gesammelt habe.

Sieh dir meine Videos an, nicht nur einmal, sondern auch mehrmals. Verwende die Vorlagen, wenn du noch nicht so gut freihand zeichnen kannst. Daran soll dein Anfang nicht scheitern. Später sieht das niemand mehr und auf die Vorskizze kommt es ja letztlich auch gar nicht an. Ich bin überzeugt davon, dass du Zeichnen lernen kannst, wenn du es wirklich willst.

LEKTION 1: KUGEL

DAS BRAUCHST DU:
HB Bleistift
weißes Papier

Das ist nun unser erstes Motiv. Eine Kugel. Es sieht leichter aus, als es ist, denn schon einen wirklich runden Kreis zu zeichnen fällt vielen sehr schwer. Denn wie ein Kind, das auf die Welt kommt, erst einmal krabbeln und dann das Laufen lernen muss, so muss jeder Zeichenanfänger auch erst einmal lernen, gerade Striche und Kurven zu ziehen. Weder kommt man auf die Welt und kann sofort laufen noch wird man mit einem Stift in der Hand geboren. Daher starten wir einfach bei null.

1 ZEICHNE EINEN KREIS

Versuche einen Kreis zu zeichnen. Am besten mit kleinen Strichen. Stück für Stück. Lass dich nicht entmutigen, wenn es am Anfang nicht wirklich rund aussieht. Du musst dir einmal vorstellen, dass deine Hand nun etwas umsetzen soll, was sie zuvor noch nie getan hat. Man wird nicht mit einem Zeichentalent geboren.

Oder was meinst du? Lass dir niemals den Spaß am Anfang nehmen, wenn etwas noch nicht ganz perfekt aussieht.

2 WÄHLE DEINEN LICHTPUNKT

Bevor wir loszeichnen, musst du dir eine Frage stellen und beantworten. Von wo soll das Licht kommen? Ich habe dir als Beispiel rechts einen Lichtpunkt eingezeichnet. Du kannst diesen Punkt nehmen oder einen eigenen wählen.

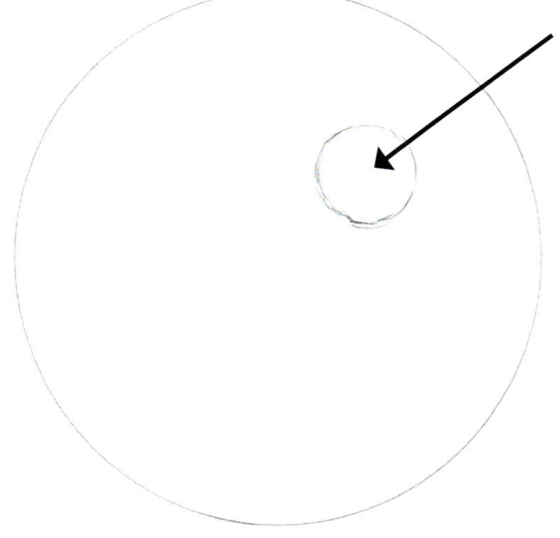

MEIN TIPP FÜR DICH Sollte der Kreis noch immer nicht so rund sein, wie du ihn gerne hättest, ist es überhaupt nicht schlimm, wenn wir uns Hilfe suchen. Wirklich super eignet sich eine Untertasse oder eine CD. Wir nehmen sie einfach als Schablone. Am Ende wird das niemand wissen. Es ist unser Geheimnis. Und warum sollten wir uns selber quälen, wenn es doch auch einfach geht. Einfach aber wirkungsvoll, so etwas liebe ich. Nicht, dass am Ende hier der Frust beginnt und dich zum Aufhören bewegt.

»JEDER KANN DAS ZEICHNEN LERNEN, WENN ER ES WIRKLICH WILL.«

So, nun kommen wir endlich zum Ausfüllen der Fläche. Du schnappst dir am besten einen Stift mit dem Härtegrad HB für den Anfang. Das ist in etwa die Mitte bei den Härtegraden der Stifte und das Gute ist, man hat ihn fast immer zu Hause. Du kannst also sofort loslegen. Zur Not gibt es ihn sogar schnell in jedem Supermarkt zu kaufen.

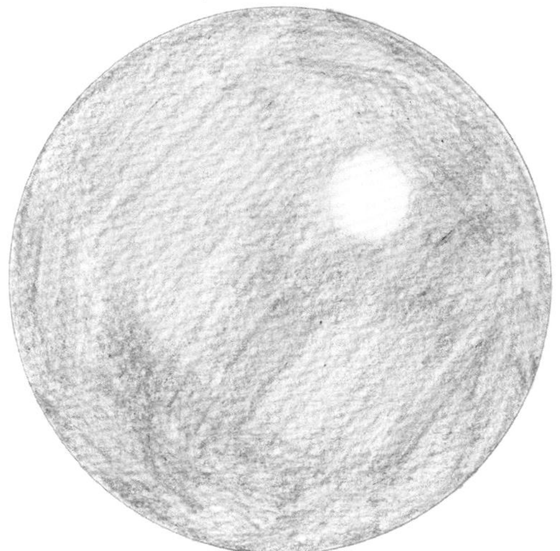

3 FÜLLE DIE FLÄCHE

Fülle die Fläche mit leichtem Druck aus, sodass es ein schönes helles Grau ergibt. Werde nicht zu dunkel. Besonders nicht um den Lichtpunkt herum. Wir wollen uns vom Weiß in ein helles Grau, über ein dunkleres Grau bis fast zum Schwarz steigern.
Du musst übrigens den Kreis für den Lichtpunkt nicht mit einzeichnen. Ich tat es, damit du verstehen kannst, was ich meinte. Doch beim Ausfüllen wäre es nun nicht so schön, diesen Kreis erst wegradieren zu müssen. Deshalb lass ihn einfach weg.

»ES SOLL DICH GLÜCKLICH MACHEN. DANN IST ES PERFEKT.«

Nun hast du eine tolle graue Fläche und kannst dir überlegen in welchen Abständen das Grau dunkler wird. Keine Sorge, das muss nicht irgendwelchen Gesetzen von Licht und Schatten folgen. Es soll einfach nur schön aussehen! Der Schatten fällt in die gegenüberliegende Richtung von deinem Lichtpunkt. Du kannst dir mit leichtem Druck zwei Hilfslinien dafür einzeichnen. Das ist nicht so schlimm, da du später dunkler drüber zeichnest und sie so verschwinden. Mit der Zeit wirst du dir Hilfslinien denken und sie nicht mehr einzeichnen müssen.

4 GRAUABSTUFUNGEN FESTLEGEN

Nun gibst du mit deinem Stift Gas und »graust« jeden Bereich richtig schön ein. Wo die Übergänge entstehen, gibst du langsam mehr Druck in die Hand und gehst immer wieder über diese Stelle, bis deine Übergänge soft aussehen und du damit zufrieden bist. Achte dabei immer genau darauf, wie das Licht verläuft und versuche, in einer Art Kreis nach außen mehr Druck mit der Hand aufzubauen.

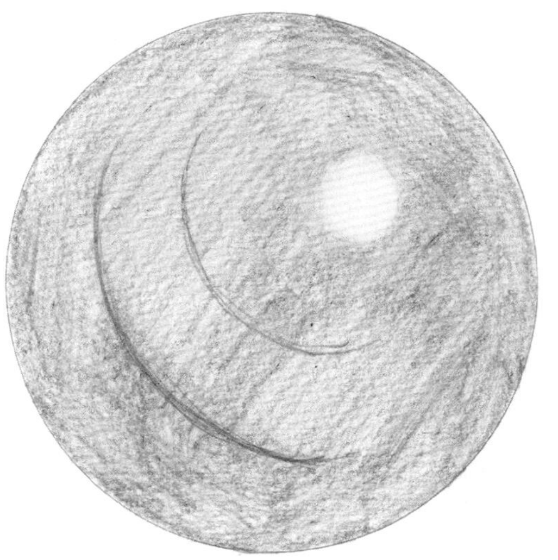

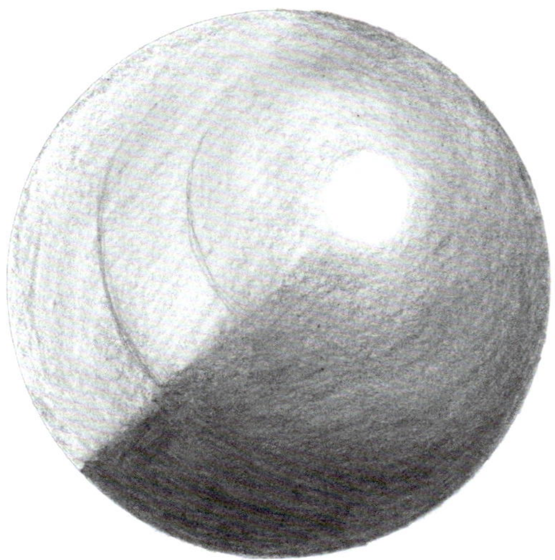

5 GRAUABSTUFUNGEN ANLEGEN

Gehe mit deinem Stift so oft über die unterschiedlichen grauen Flächen, bis sie die Graustufe erreicht haben, die dir gefällt. Mache eine weitere Zeichnung und lasse das Licht aus einer anderen Richtung kommen. Wähle die Richtung, die für dich beim Zeichnen am angenehmsten ist.

Doch beachte: Etwas dunkler zu machen ist nicht so schwer. Etwas heller machen dagegen sehr. Starte nicht zu dunkel, denn man kann festgedrücktes Graphit vom Bleistift nicht ganz so leicht wieder wegradieren. Daher beginne mit leichtem Druck und steigere dich. Lass dir Zeit und lass dich von niemandem hetzen. Es geht hier um dich und deine Leidenschaft fürs Zeichnen. Da hat niemand das Recht, dich in deiner kleinen Zeichenwelt zu stören.

»DIE ERSTEN SCHRITTE SIEHT KEINER MEHR.«

HEY, MEIN ZEICHENFREUND, ICH BIN'S

In diesen Blöcken möchte ich mit dir persönliche Erfahrungen teilen. Damit du siehst, dass du nicht alleine bist. Glaube mir, am Anfang gab es so manche Situation, wo ich frustriert war und schon aufhören wollte. Hätte ich das getan, würde mir heute eine riesige Bereicherung im Leben fehlen. Damit dir das nicht passiert, möchte ich dir Mut machen und dich motivieren. Denn die Motivation über längere Zeit ist beim Zeichnen sehr wichtig. Leider vergessen das viele Anfänger und auch Lehrer. Also, hau richtig rein und lass dir niemals sagen, du kannst das nicht. Höre auf dein inneres Gefühl und genieße, was du da tust.

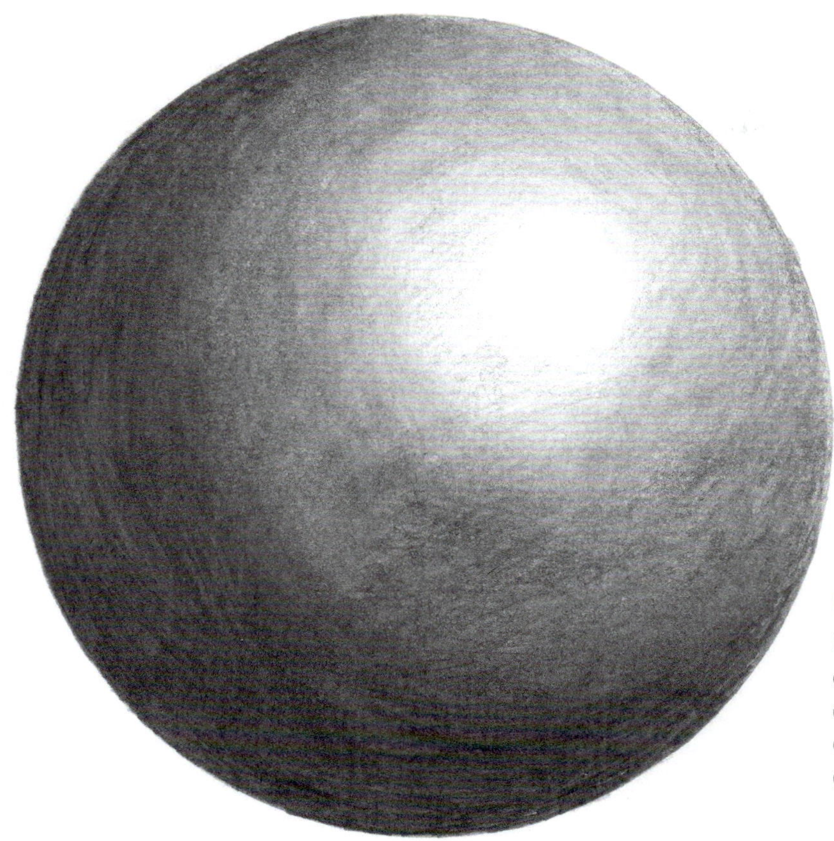

6 DU HAST ES GESCHAFFT!
Du kannst nun stolz sein auf dich, denn dein erstes Werk ist fertig und mit diesem Wissen und dem Können, das du dir eben angeeignet hast, kannst du gut gelaunt in die nächste Lektion starten.

»BESTIMME DEIN LERNTEMPO SELBST!«

Was haben wir denn hier? Es ist gut, wenn man etwas Schritt für Schritt nachvollziehen kann. Doch manchmal würde man vielleicht gerne sehen, was die Hand des Zeichners macht und wie es bei ihm klappt. Bis jetzt gab es diese Möglichkeit nicht, doch nun wenden wir das Blatt. Sieh dir das Video zur Lektion 1 in deiner Digitalen Bibliothek unter **www.topp-kreativ.de/digibib** an.

SO FUNKTIONIERT'S Zu allen Lektionen gibt es in deiner Digitalen Bibliothek unter **www.topp-kreativ.de/digibib** Videos zum Anschauen. Du brauchst dich nur einmalig auf **topp-kreativ.de** registrieren. So erhälst du Zugang zu deiner persönlichen „Digitalen Bibliothek". In deinem Kundenkonto kannst du dann den Freischaltcode, der im Impressum steht, einlösen und die Videos zu den Lektionen anschauen. Hier möchte ich dir die wichtigsten Schritte noch einmal ganz genau zeigen. Damit wirklich alles klar wird und du nicht mit offenen Fragen zurückbleibst, die dir keiner beantwortet. Denn der Vorteil: Du kannst die Videos ansehen, so oft du willst. In kleinen Sequenzen parallel zum Buch und auch zu deinem Zeichenprozess.

LEKTION 2: SCHRAFFIEREN

DAS BRAUCHST DU:
HB Bleistift
weißes Papier

Vielleicht hast du gemerkt, dass das Ausfüllen einer größeren Fläche, wie eben bei der Kugel, gar nicht so einfach ist und anstrengend werden kann. Zum Glück gibt es jedoch eine Technik, mit der das Ganze wesentlich leichter ist. Sie nennt sich: **Schraffieren**. Und das Tolle daran: Diese Technik ist auch gar nicht schwer!

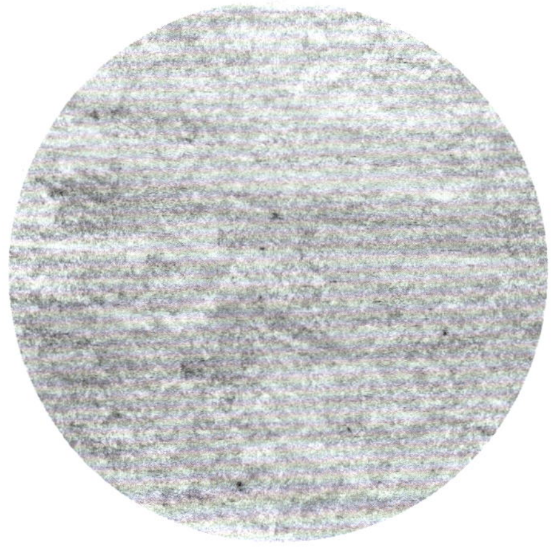

SO SIEHT ES AUS
Durch das Schraffieren ist eine einheitliche graue Fläche entstanden. Dazu musst du nur die Haltung deines Stifts verändern.

»EXPERIMENTIERE MIT MATERIAL UND ZEICHENTECHNIK!«

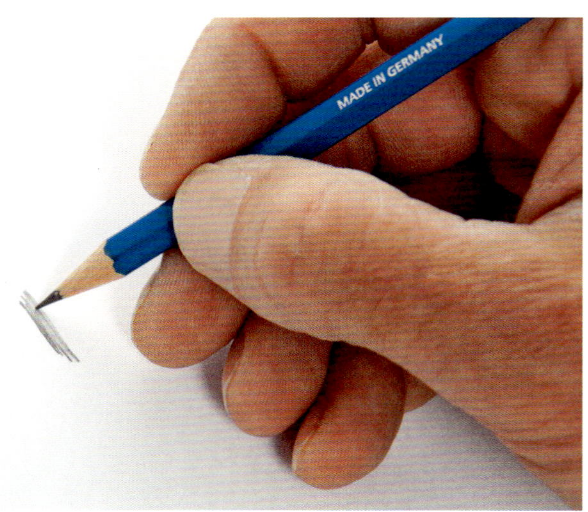

1 BLEISTIFT VON OBEN

Normalerweise setzt man den Stift von oben auf das Papier, beispielsweise um Skizzen zu machen oder Details zu zeichnen. Auf diese Art und Weise ist es allerdings mühsam, Flächen auszufüllen. Ein dünner Strich neben dem nächsten. Das kann etwas dauern und macht mit der Zeit keinen Spaß.

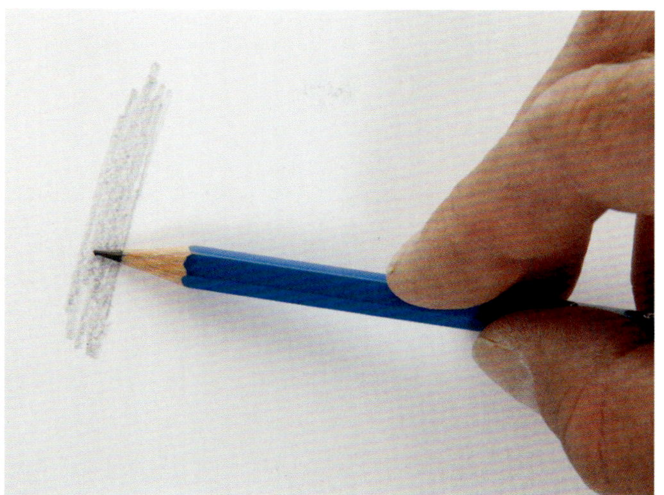

2 BLEISTIFT VON DER SEITE

Du machst daher Folgendes: Du hältst den Stift schräg. Du kommst also eher mit dem Stift von der Seite als von oben. Auf diese Weise wird die Fläche größer, die vom Stift berührt wird. Du kannst also die ganze Mine ausnutzen anstatt nur die Spitze.

Noch leichter wird es Flächen zu füllen, wenn du dir einen Stift mit einer dickeren Mine zulegst. Schau doch mal im Schreibwarenhandel nach, was du finden kannst. Ich finde, wir sollten uns das Leben leicht machen und dafür die richtige Methode anwenden.

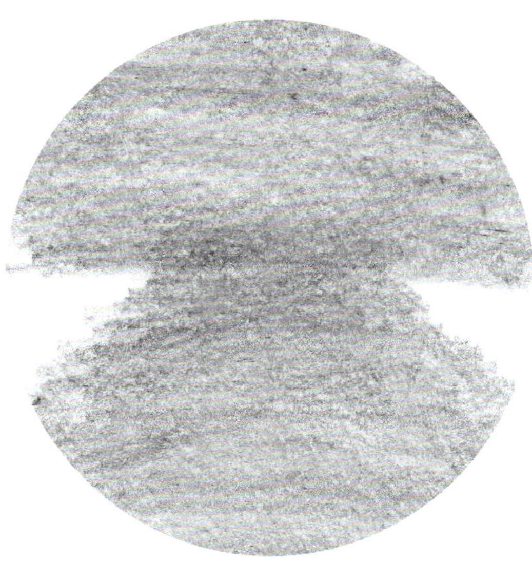

3 INEINANDER SCHRAFFIEREN

Wenn du jetzt Flächen ineinander schraffierst, achte darauf, dass du gleich viel Druck in der Hand verwendest, damit du die gleiche Graustufe erhältst. Das könnte ein wenig Übung erfordern. Du kannst auf einem leeren Blatt das so lange üben, bis du dich damit wohlfühlst. Und beim nächsten Motiv kannst du es dann richtig schön einsetzen.

»KEINE ANGST, DAS WIRD SCHON!«

Im Video zu dieser Lektion kannst du genau nachsehen, wie es geht. Es ist wirklich keine Hexerei.

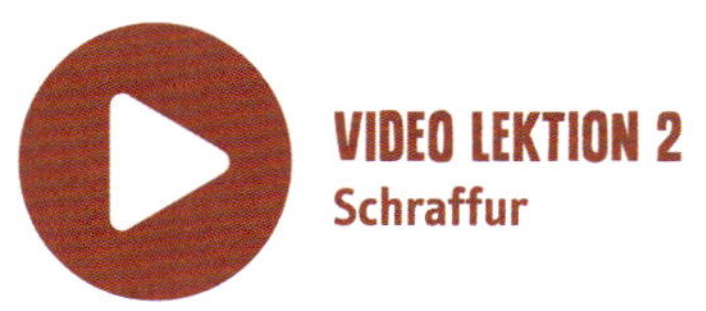

VIDEO LEKTION 2
Schraffur

LEKTION 3: ZEICHENKARTON

DAS BRAUCHST DU:

HB Bleistift

Papier in unterschiedlicher Körnung und Grammatur

Bevor wir in der nächsten Lektion ein neues Motiv zeichnen, möchte ich dir aber noch die Frage beantworten, worauf wir eigentlich am besten zeichnen sollen. Je weiter wir in den Übungen kommen, umso wichtiger ist gutes Material. Unser Papier ist die Grundlage, auf der wir zaubern. Darauf entsteht deine eigene Welt. Hier kannst du im wahrsten Sinne des Wortes Berge versetzen.

Für die erste Übung hat uns das Papier gereicht, was wir zu Hause haben. In der Regel ist das oft Druckerpapier. Das ist für Skizzen super. Zudem gibt es da sehr viel Blatt Papier für wenig Geld. Doch zum richtigen Zeichnen ist es nicht ganz so gut geeignet. Es ist sehr glatt und bietet weniger Möglichkeiten als Zeichenkarton.
Was meint er denn damit, fragst du dich vielleicht? Wir zeichnen am besten auf **Zeichenkarton**. Das ist ein Papier, das etwas grobkörniger ist.

Zusätzlich wird das Gewicht in Gramm angegeben. Druckerpapier hat z. B. 80 g/m² und Zeichenkarton um die 140 g/m². Das klingt erst mal etwas komisch, aber wenn du im Schreibwarenhandel Zeichenkarton findest, hat es oft die passende Körnung. Oder du fragst einfach nach grobkörnigem Papier. Wenn du den Zeichenkarton in die Hand nimmst, fühlst du sofort, dass er wesentlich dicker ist als Druckerpapier. Um es dir noch verständlicher zu machen, möchte ich dir eine vergrößerte Seitenansicht zeigen.

»PAPIER IST NICHT GLEICH PAPIER!«

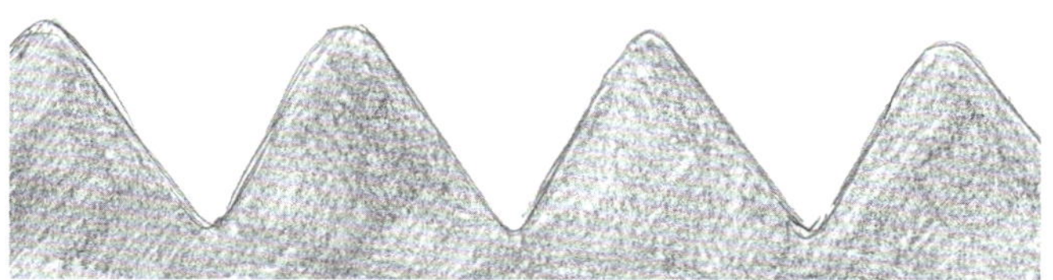

1 GROBKÖRNIGER ZEICHENKARTON
Das ist der Zeichenkarton von der Seite. Allerdings extrem vergrößert. Es sieht ein wenig nach Bergen und Tälern aus, findest du nicht auch? Druckerpapier wäre wesentlich glatter. Also eher eine flache Ebene.

MEIN TIPP FÜR DICH Zeichenkarton ist ein tolles Material. Also probier's aus und nutze es für deine Zeichnungen!

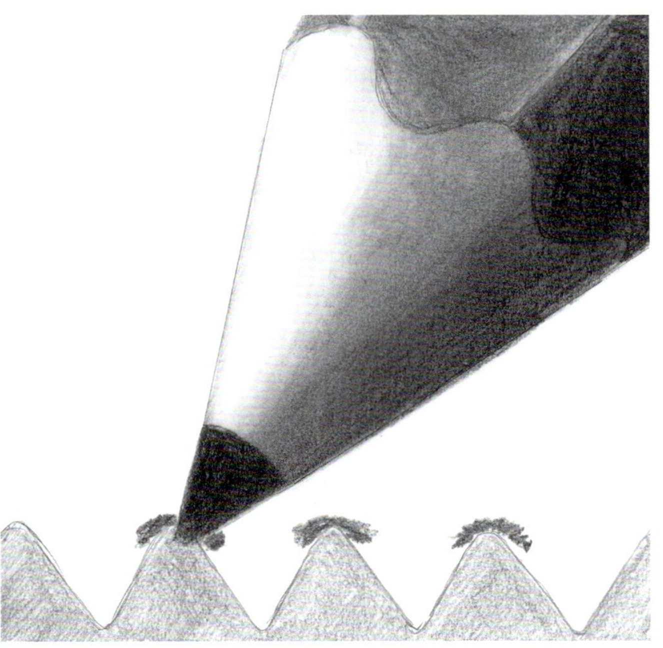

2 FLEXIBLE GRAUSTUFEN

Der Zeichenkarton bietet uns damit die Möglichkeit, das Papier leicht zu schraffieren und das Weiß aus den sogenannten Tälern durchscheinen zu lassen. Damit sind wir flexibler in der Herstellung von Graustufen. Eine Eigenschaft, die dir mit der Zeit sicher immer besser gefallen wird.
Wenn wir den Stift ansetzen und mit leichtem Druck über das Papier gehen, „grauen" wir also nur die Spitzen der Berge ein und die Täler lassen wir weiß.

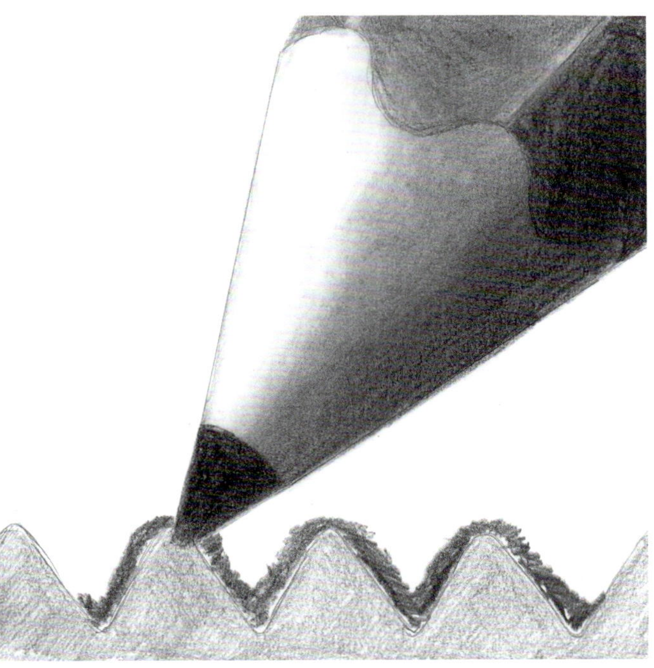

3 GLEICHMÄSSIGE GRAUSTUFEN

Wenn wir dagegen mehr Druck aufbringen oder mit einem Verwischstift (auch Estompe genannt. Was das ist, zeige ich dir in Lektion 8, Seite 32.) über das Papier gehen und die Berge platt drücken, füllen sich auch die Täler schnell und es entsteht eine gleichmäßige graue Fläche. Ist das nicht fantastisch, was alleine das Papier schon für einen Unterschied machen kann? Auf Zeichenkarton lässt sich außerdem leichter radieren.

DIE AUSWAHL DER MATERIALIEN ist schon am Anfang wichtig. Startet man mit dem falschen Equipment, kann es einen sehr frustrieren und alles wird schwerer. Stell dir einmal vor, du wolltest Gitarre spielen lernen. Dazu hast du aber nur eine schlecht verarbeitete Gitarre, auf der es die Hölle ist, zu spielen. Die Saiten schneiden dir in die Finger und das Griffbrett verletzt deine Hand. Wem macht es dann noch Spaß, Gitarre zu spielen? Beim Zeichnen ist es das Gleiche. Mit nur einem Stift und ohne Kenntnis über den Rest der Materialien, kann es einem um einiges schwerer fallen. Am Ende lässt du den Stift dann fallen. Damit genau das aber nicht passiert, statten wir uns schon von Beginn an richtig aus.

LEKTION 4: APFEL

DAS BRAUCHST DU:

HB Bleistift

weißes Papier oder Zeichenkarton

VORLAGE:

Seite 112

O. k. – bist du bereit für das nächste Motiv? Ja? Super! Dann lass uns loslegen. Wir nutzen unser bis jetzt erworbenes Wissen und Können und ich bin mir sicher, es wird dir fantastisch gelingen. Ich möchte als zweites Motiv einen Apfel mit dir zeichnen. Das Tolle ist, dass ein Apfel auf der Grundlage der Kugel aufbaut. Und die beherrscht du ja nun!

1 ZEICHNE EINEN KREIS

Lege also zu Beginn dein Blatt Papier vor dich und starte wieder mit einem Kreis. Gut wäre es, wenn du dir inzwischen einen Zeichenkarton beschafft hast. Das Ergebnis sieht einfach schöner aus. Ansonsten reicht auch erstmal das, was du zu Hause hast.

Dieses Mal wird der Kreis uns als Orientierung dienen. Drücke daher nicht zu fest auf, da wir ihn später wieder wegradieren wollen.

»DAS KANNST DU SCHON!«

2 ZEICHNE DIE APFELFORM

Zum Zeichnen nutzen wir wieder unseren HB Bleistift. Mit ihm versuche ich eine Apfelform in den Kreis zu zeichnen. Der Apfel ist nicht perfekt rund. Schau, dass dir die Form gefällt. Das ist ganz wichtig! Und wenn dir mal die Rundungen an den Seiten schwer fallen, nutze die Linie des Kreises als Hilfslinie und zeichne einfach darüber.

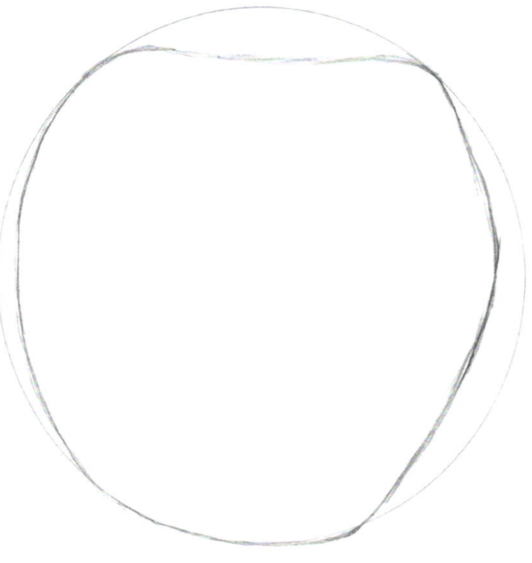

Hilfreich wäre es, wenn du einen echten Apfel vor dich legen würdest. Da kannst du dich dann immer mal ein wenig an der Form orientieren und meine Anleitung mit dem echten Objekt verbinden. Es ist aber natürlich kein Muss.

Wir werfen am besten zu Anfang einen Blick auf den Apfel. Aus dieser Sicht kennen wir alle einen Apfel. Daher wird es uns leichter fallen, ihn so zu zeichnen. Und die lieben Menschen, Freunde und Familie, denen du deine fertige Zeichnung womöglich zeigen wirst, werden sofort erkennen können, was du da auf das Blatt gezaubert hast.

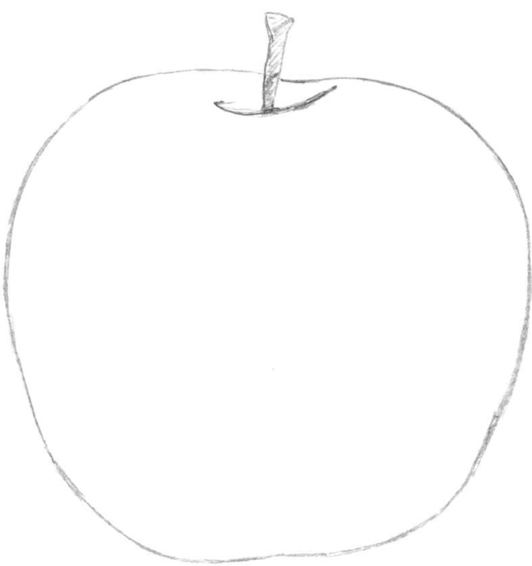

3 ZEICHNE DEN STIEL EIN

Nun kannst du die Linien des Kreises mit einem Radiergummi wegradieren. Was bleibt, ist die Form, an der wir weiter zeichnen wollen. Gehe aber wirklich erst weiter, wenn dir die Form deines Apfels gefällt. Zeichne mittig oben den Stiel ein und an seinem unteren Ende einen kleinen Bogen. Damit weißt du, wo sich der tiefste Punkt befindet. Wo also ein tiefes Schwarz um den Stiel sein sollte.

Was nun kommt sieht ein wenig komisch aus. Oder, was meinst du? Vielleicht ein wenig wie Malen nach Zahlen. Was steckt also hinter dem Aufteilen der Fläche? Lass uns das genau betrachten. Im Endeffekt legen wir damit nur Licht und Schatten fest. Es steckt also kein großes Geheimnis dahinter. Nun ist es nur eben so, dass ein Apfel mehr unterschiedliche graue Flächen hat als eine Kugel.

4 LEGE LICHT UND SCHATTEN FEST

Wir überlegen uns also, woher das Licht kommt. Hier von oben links. Also setzen wir einen Glanzpunkt dort, wo das Licht auftrifft. Und wo fällt der Schatten hin? Er befindet sich eher zum Boden hin. Wenn wir diese Überlegungen gemacht haben und festgelegt haben, was wo liegt, können wir mit feinen Linien uns diese Bereiche einteilen. Damit machst du es dir einfach wesentlich leichter.

Und so soll es sein: leicht, aber mit einem fantastischem Ergebnis und einer Menge Spaß!

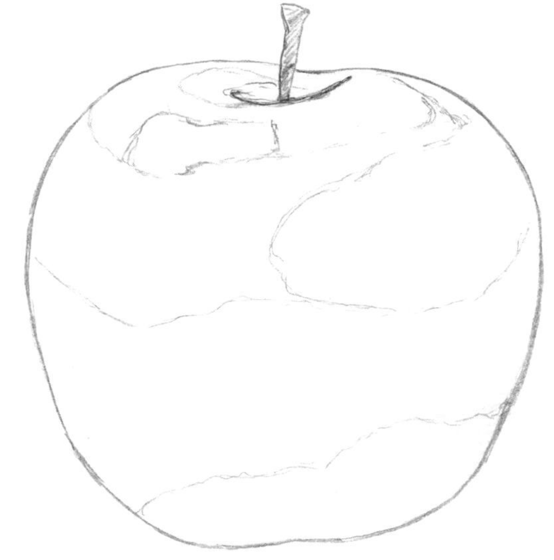

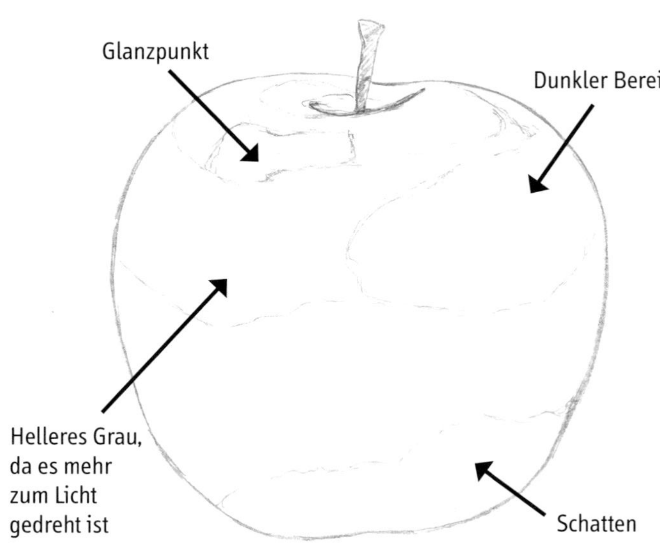

5 LEGE DEINE FLÄCHEN FEST

Ich habe sie dir noch einmal genau beschriftet. Mach dir aber keine Sorgen, wenn die Bereiche bei dir nicht ganz genau da liegen, wo sie auf meiner Zeichnung platziert sind. Nimm es als Anhaltspunkt.

Jede Zeichnung ist etwas Persönliches und dein Bild sollte immer nach dir aussehen. So wie diese Zeichnung vielleicht eher nach mir aussieht. Wir sollten beim Zeichnen keine zu starken Vergleiche anstellen, lieber uns selbst als eigenständigen Künstler wertschätzen.

»ÜBEN BRINGT ROUTINE.«

6 BEGINNE AN DER HELLSTEN STELLE

Beginne oben. Also dort, wo es am hellsten ist und arbeite dich nach unten zur dunkelsten Stelle. So kannst du nachher immer noch Korrekturen machen und zu helle Bereiche abdunkeln.

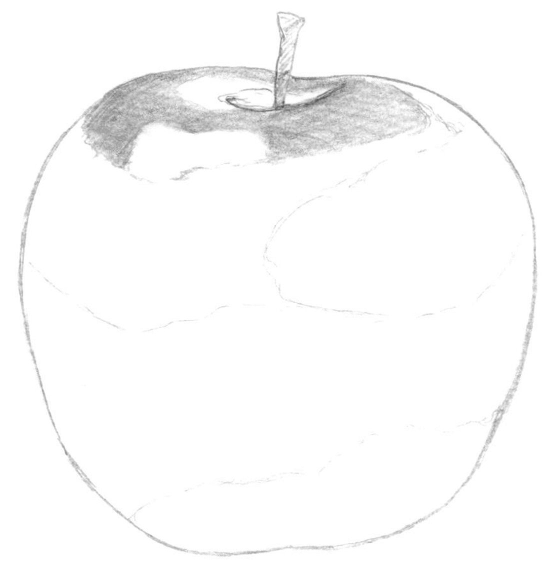

Zu Beginn wirkt diese Vorgehensweise etwas seltsam. Das gebe ich zu. Du »graust« nicht alles ein, sondern Stück für Stück. Daran muss man sich erst gewöhnen, also verlange nicht zu schnell zu viel von dir selbst. Es kommt mit der Zeit ganz von alleine, dass du dafür ein Gefühl entwickelst.

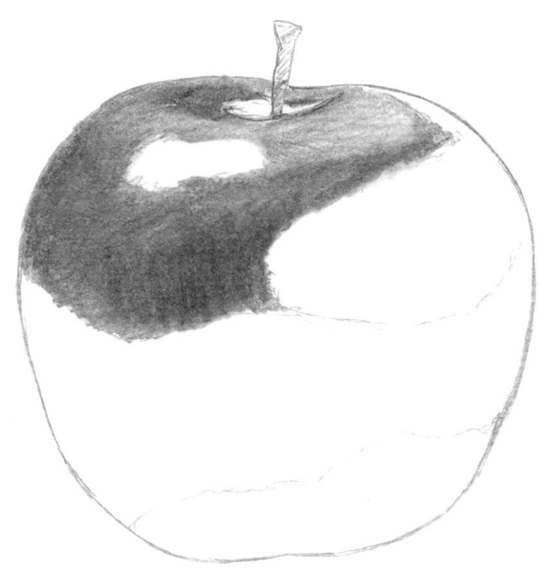

7 LEGE GRAUABSTUFUNGEN AN

Wenn du die nächste Fläche »eingraust«, sei nicht verwundert, wenn es an den Übergängen womöglich noch ein wenig hart aussieht. Wir leisten zuerst die Vorarbeit und schraffieren die unterschiedlichen Graustufen anschließend ineinander.

Das Schraffieren kannst du nun ja, also ist das doch die perfekte Gelegenheit, es hier gleich richtig einzusetzen. Du bekommst das hin.

»WENN DIE ZEICHNUNG NACH DIR AUSSSIEHT, IST SIE PERFEKT.«

8 ARBEITE GRAUABSTUFUNGEN AUS

Nun kannst du den Schatten einzeichnen. In der Mitte werden wir es ein wenig heller lassen. Das ergibt einen tollen Glanzeffekt. Den Schatten nicht zu schwarz einzeichnen. Wenn die Zeichnung fertig ist, kannst du noch dort abdunkeln, wo es zu hell geraten sein sollte. Auch den Stiel und die Vertiefung in der Apfelmitte nicht vergessen und schön dunkel zeichnen.

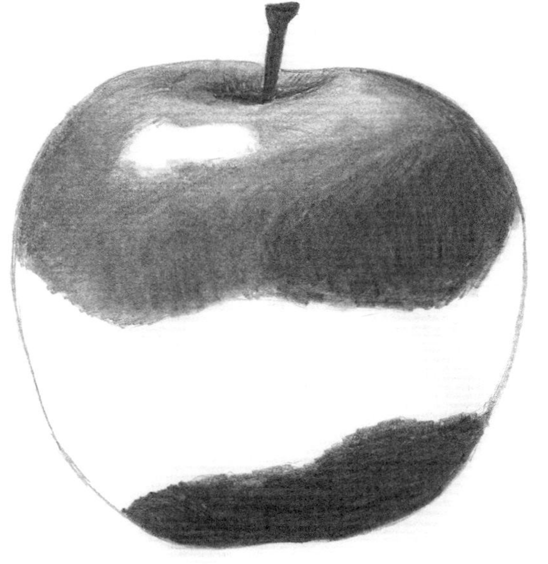

»SEI NICHT SO KRITISCH, DU STEHST AM ANFANG.«

9 VERBINDE DIE GRAUABSTUFUNGEN DURCH SCHRAFFUR

In diesen kleinen Bilddetails kannst du dir noch einmal die Überlappungen der Graustufen ansehen. Nutze dein Wissen und Können aus der Lektion 2 über das Schraffieren und versuche mit viel Gefühl, die Bereiche soft miteinander zu verbinden. Auch hier wieder mit weniger Druck beginnen und sich dann steigern. So klappt es richtig toll.

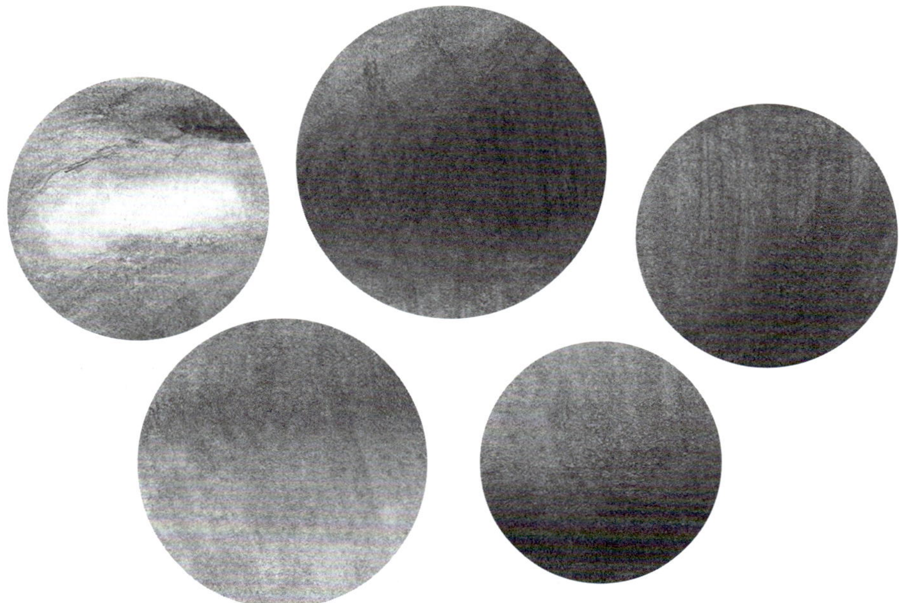

»ERFAHRUNGEN SIND KOSTBAR!«

ICH WEISS NOCH, als ich das erste komplexere Motiv zeichnen wollte. Die unterschiedlichen Graustufen haben mich überfordert. Es ist viel Input und ich wollte zu schnell zu viel. Ich habe versucht, gleich alles auf einmal zu zeichnen und das Ergebnis war alles andere als das, was ich mir vorgestellt hatte. Ich war ziemlich enttäuscht.
Und ich möchte, dass es dir nicht so ergeht. Ich habe eine wichtige Erkenntnis daraus gezogen, die ich dir mit auf deinen Weg geben möchte: Zeichnen ist komplex. Verlange nicht zu schnell und zu viel von dir selbst. Teilst du dir ein Bild in kleinere Bereiche ein, kannst du dich Stück für Stück vorarbeiten. Das macht es leichter und bedenke dabei: Wenn es noch nicht perfekt aussieht, ist das nicht schlimm. Absolut nicht! Du bist ja noch am Üben und was du machst, sind keine Fehler. Du bist an einem Punkt, an dem du Erfahrung sammelst. Und genau diese Erfahrung ist für einen selbst unbezahlbar. Du zeichnest ein Bild und vielleicht gefällt dir das Ergebnis noch nicht ganz. Doch mit dem, was du an dem Bild gelernt hast, klappt das nächste Bild umso besser.

10 DU HAST ES GESCHAFFT!

Nun kannst du zum Schluss noch die Mitte eingrauen. Durch das hellere Grau bekommt der Apfel noch eine Art Glanz an der Seite. Das ist ein toller Effekt. Wenn dir die Graustufen gefallen, ist es fertig. Anderenfalls kannst du noch Feinheiten verbessern. Den Schatten etwas abdunkeln oder die Bereiche noch feiner miteinander verbinden. Und dann, yeah, ist dein nächstes Meisterwerk fertig, auf das du wirklich stolz sein kannst!

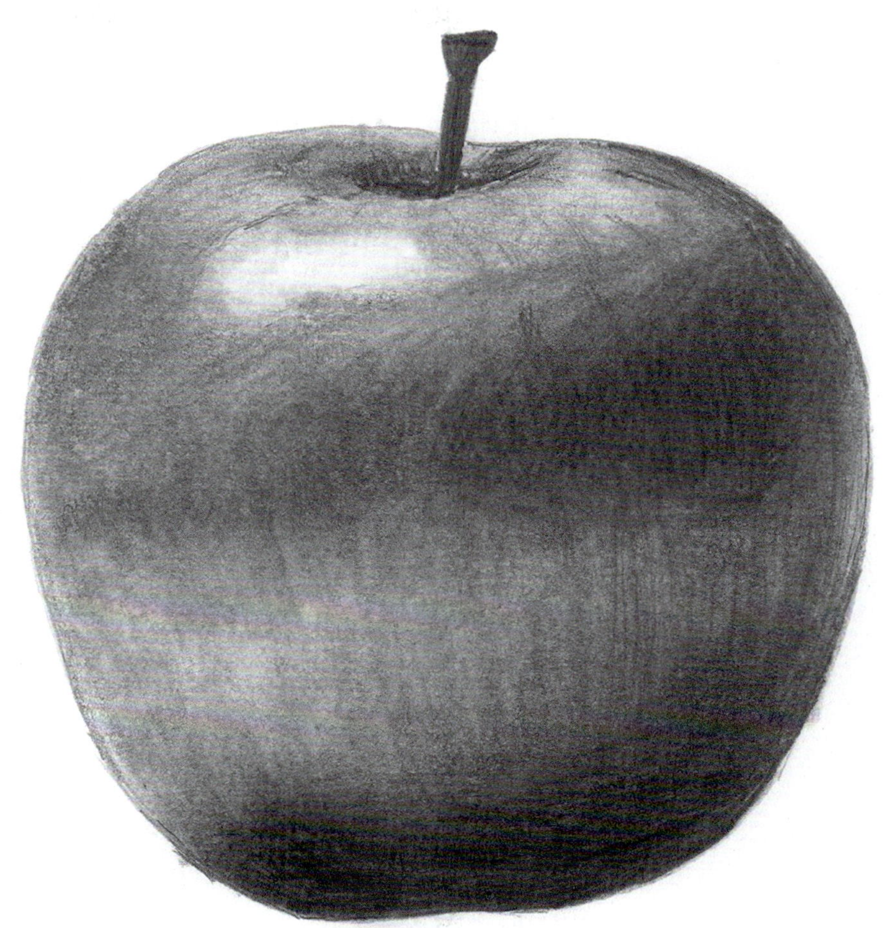

Um das Ganze noch einmal zu verinnerlichen, denn es war wirklich viel, hier der Hinweis auf das Video. Schau es dir so oft an, wie du magst. So oft, bis du dich wohl und etwas sicherer beim Zeichnen des Apfels fühlst. Zeichne doch gleich noch einen! Ich wünsche dir viel Spaß dabei und dann geht's motiviert weiter zum nächsten Motiv.

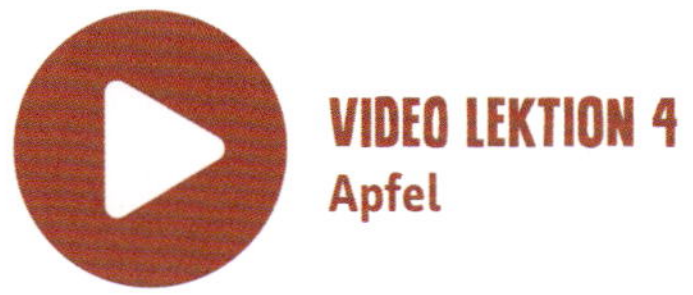

Was man nicht alles mit so einfachem Handwerkszeug erschaffen kann. Ist das nicht unglaublich? Wir werden auf unserer Reise noch mehr Techniken und Material kennenlernen. Stell dir einmal vor, was du mit noch mehr Wissen erschaffen kannst. Mit so wenig zauberst du dieses Bild. Mit noch mehr werden deine Möglichkeiten gigantisch. Dich wird nichts mehr aufhalten können, die schönsten und kreativsten Bilder zu zeichnen. Deiner Fantasie ist keine Grenze gesetzt.

LEKTION 5: MEHR KONTRAST

DAS BRAUCHST DU:

HB Bleistift und Bleistifte in 5B, 6B und 8B
weißes Papier

Du hast die Übung mit dem Apfel toll gemacht und jetzt freue ich mich darauf, mit dir wieder einen Schritt weiterzugehen. Ein Bild, das nur mit einem Stift gezeichnet wurde, wird immer ein wenig lebloser und flacher aussehen, als ein Bild mit Stiften unterschiedlicher Härtegrade. Wir nehmen uns daher noch einmal unser erstes Motiv vor: die Kugel. Diesmal setzen wir jedoch mehrere Stifte ein. Wir wollen einen richtig starken Kontrast und eine tolle plastische Wirkung erzielen. Dein Können wird immer professioneller. Ist das nicht stark?

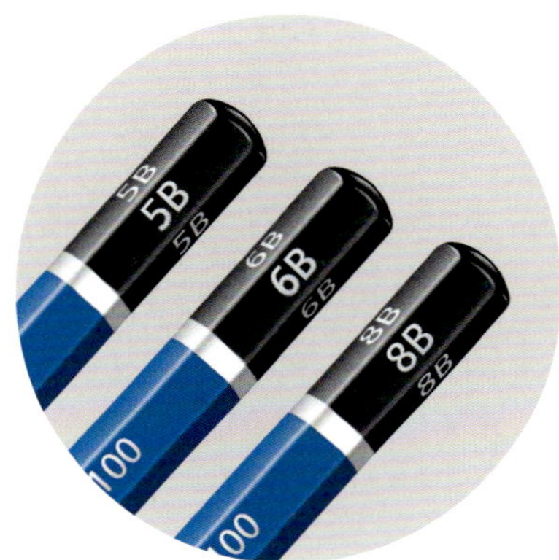

SO SEHEN SIE AUS
Weiche Bleistifte in den Härtegraden 5B, 6B und 8B benutze ich sehr gerne. Sie helfen meinen Zeichnungen, mehr Kontrast zu geben. Du kannst es gleich ausprobieren!

»DAS KANNST DU SCHON!«

1 ZEICHNE DEN KREIS UND DEN LICHTPUNKT

Wie man einen Kreis zeichnet, das weißt du bereits. Versuche es diesmal frei Hand! Falls es nicht klappt, schau auf Seite 6 nach! Dort habe ich dir einen kleinen Trick verraten.
Bevor du die Fläche schraffierst, überlege dir, von welcher Seite das Licht einfallen soll. Ich habe meinen Lichtpunkt auf der rechten Seite platziert. Du kannst es entweder genauso machen oder einen anderen Lichtpunkt wählen – wie es dir am besten passt.

Wie hat es mit dem Kreisziehen frei Hand geklappt? Wie hat sich dein Gefühl in der Hand verändert, wie deine Wahrnehmung? Wie reagiert dein Umfeld auf dein neues Können? Das sind spannende Fragen, die du mir später womöglich gern in unserem Forum auf **www.ganz-einfach-zeichnen.de** beantworten möchtest. Ich würde mich freuen und bin sehr gespannt.

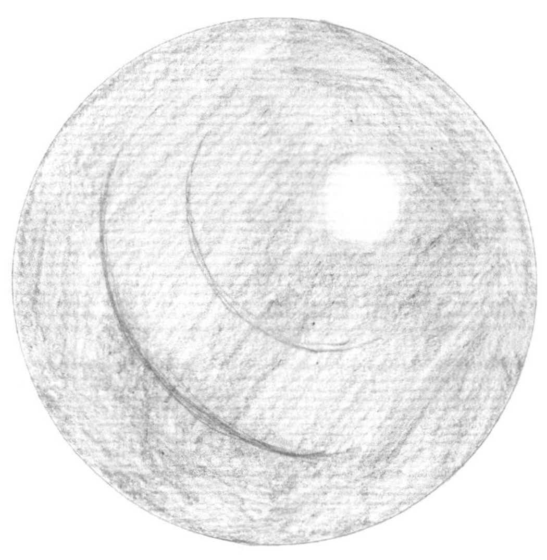

2 GRAUABSTUFUNGEN FESTLEGEN

Achte darauf, dass du beim „Eingrauen“ nicht zu dunkel wirst. Überlege dir die Bereiche der Abstufung. Sie sollten immer kreisförmig um den Lichtpunkt verlaufen. Jetzt gehst du wieder mit deinem Stift so oft über die unterschiedlichen grauen Flächen, bis du zufrieden bist.

»HAB SPASS DARAN, KREATIV ZU SEIN!«

Und nun kommt etwas Neues! Hier beginnt der Unterschied zwischen einem Anfänger und einem Fortgeschrittenen. Wenn du in Lektion 1 mit deinem HB Stift versucht hast, dunkle beziehungsweise fast tiefschwarze Flächen zu zeichnen, so ist dir sicher etwas aufgefallen. Du musstest entweder extrem viel Kraft aufbringen oder es wurde nicht richtig dunkel! Abgesehen von den Schmerzen im Arm hat es einfach nicht so viel gebracht.
Der HB Stift ist toll für Skizzen oder zum „Eingrauen“ von Flächen am Anfang. Um kontrastreich und plastisch zu zeichnen, brauchen wir aber mehr Graustufen und Graustufen, die bis ins tiefe Schwarz gehen. Wie bekommst du das hin, fragst du? Die Antwort ist ganz einfach: ein anderer Härtegrad. Wir nehmen für die dunklen Bereiche in Zukunft weichere Stifte, nämlich 5B, 6B und 8B.

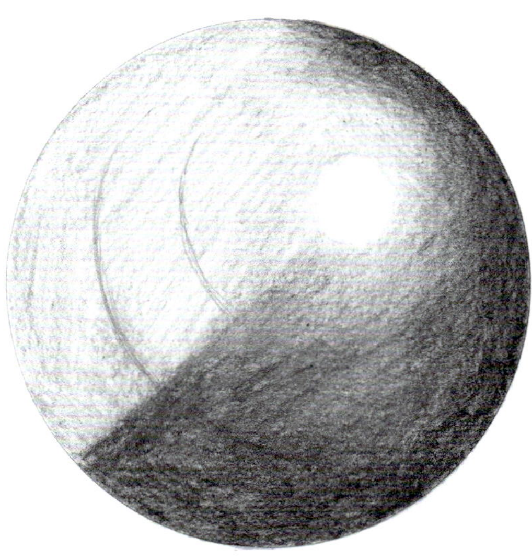

3 GRAUABSTUFUNGEN ANLEGEN

Als Erstes arbeiten wir mit dem Stift 5B. Merkst du, dass er viel weicher als dein HB Stift ist? Damit legst du den ersten Schattenverlauf an.

4 DUNKLER WERDEN

Nimm dann den 6B Stift, der wieder ein wenig weicher und im Strich dunkler ist. Je weiter es nach außen zum Rand geht, umso dunkler wirst du. Sorge dafür, dass du eine tolle Grauabstufung von weiß nach schwarz erhältst. Und nun am Ende nutzen wir den 8B Stift für den Rand. Dort, wo es wirklich schwarz werden soll!

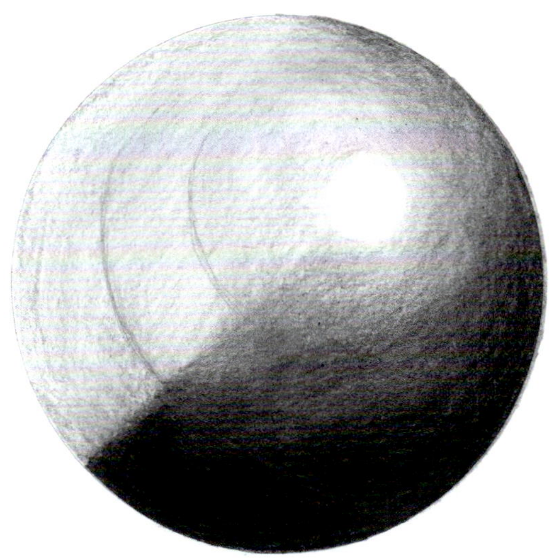

DAS SOLLTEST DU ÜBER BLEISTIFTE WISSEN

HB ist der mittlere Härtegrad. Zur H Seite werden die Stifte härter und die Striche heller. Zur B Seite werden die Stifte weicher und damit auch dunkler. Je größer die Zahl davor, desto härter oder weicher wird der Stift. 8B ist also der weichste Stift und damit ideal für tiefe, schwarze Stellen.

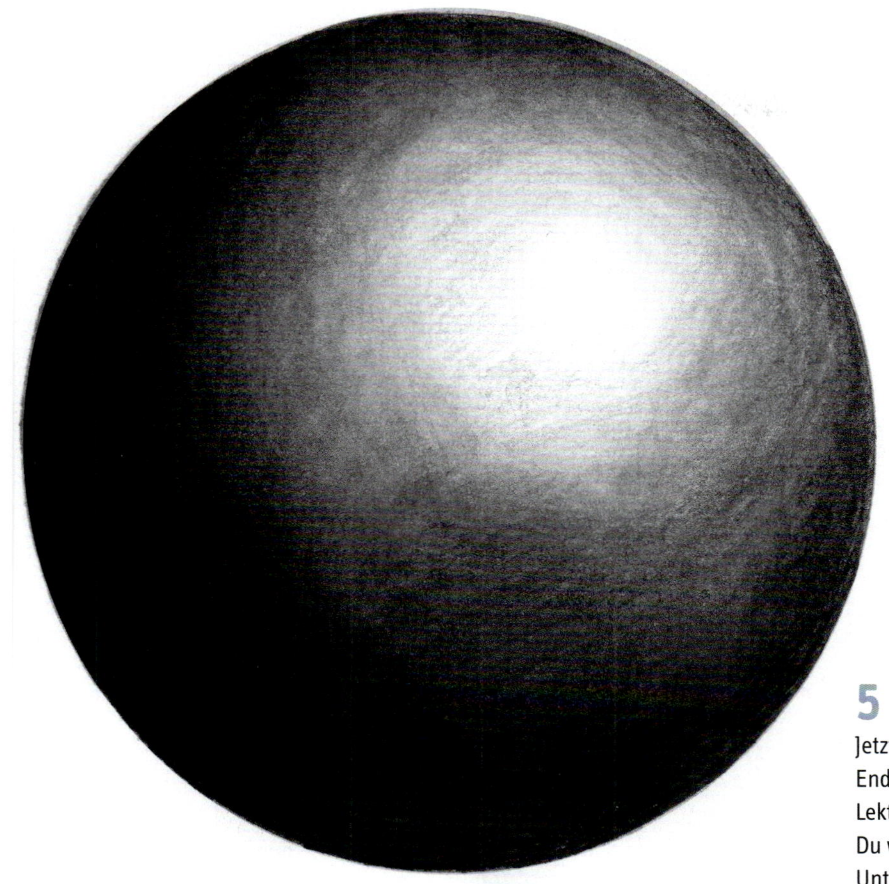

5 DU HAST ES GESCHAFFT!

Jetzt kannst du dein fertiges Bild mit dem Endbild vergleichen, das du in der ersten Lektion (siehe Seite 9) gezeichnet hast. Du wirst sofort bemerken, welch ein Unterschied das ist. Sieht dein neues Bild der Kugel nicht gleich viel plastischer, lebendiger und spannender aus?

Es macht einfach großen Spaß, wenn man mit so wenig Material im Handumdrehen einen derartigen Schub bekommt! Wenn du jetzt ein euphorisches Gefühl hast, ist das genau richtig. Du kannst dich über deine Fortschritte freuen und stolz darauf sein.

»DU WIRST IMMER BESSER UND BESSER!«

Hier gibt es wieder den Hinweis auf das Video und wir sehen uns dann gleich dort wieder.

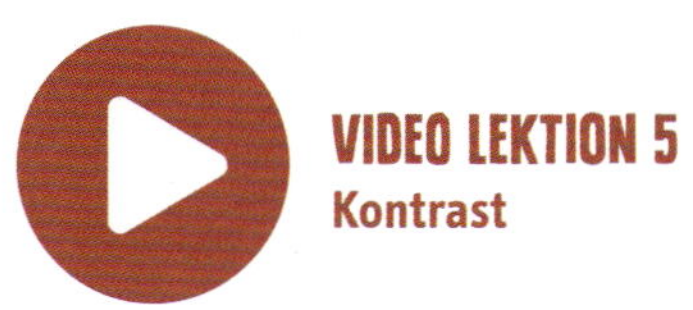

LEKTION 6: VASE

DAS BRAUCHST DU:

HB Bleistift und Bleistifte in 5B, 6B und 8B

weißes Papier

VORLAGE:

Seite 113

Jetzt möchte ich mit dir eine Vase zeichnen. Das ist ein dekoratives Motiv, das du in viele unterschiedliche Stillleben einbauen kannst. Das Schöne ist, dass es der Kugel ähnelt. Die Bauchform ist nämlich nichts anderes als eine Kugel.

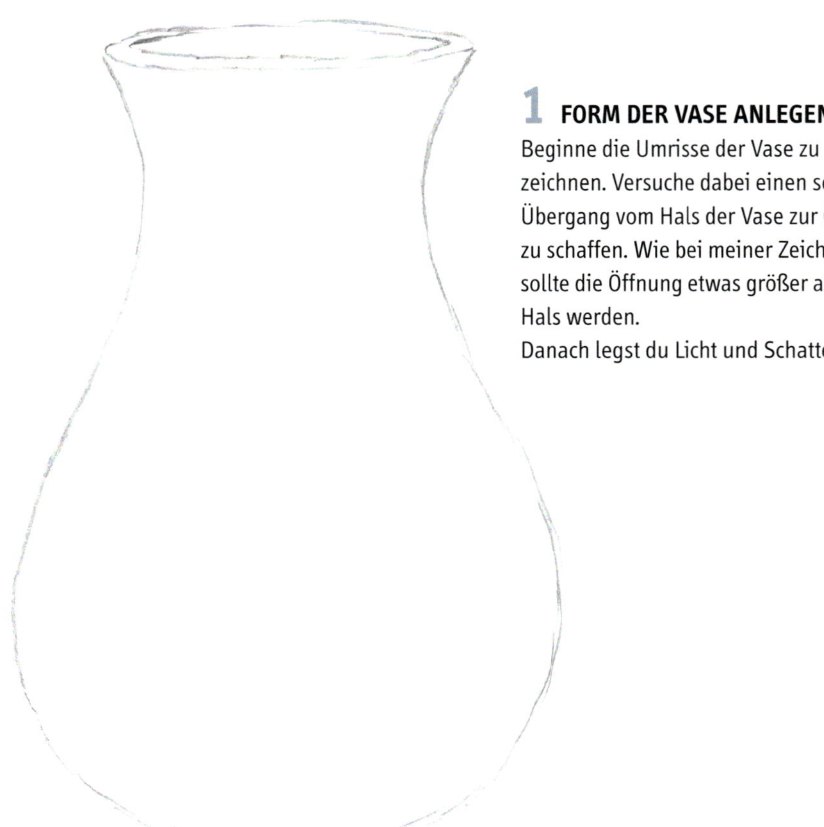

1 FORM DER VASE ANLEGEN

Beginne die Umrisse der Vase zu zeichnen. Versuche dabei einen schönen Übergang vom Hals der Vase zur Öffnung zu schaffen. Wie bei meiner Zeichnung sollte die Öffnung etwas größer als der Hals werden.
Danach legst du Licht und Schatten fest.

Du entscheidest, von wo du das Licht kommen lassen möchtest. Das ist zum einen vom Geschmack abhängig und zum anderen davon, ob du Links- oder Rechtshänder bist. Du solltest nie einfach nur nach einer Vorlage zeichnen, wenn du dich dabei unwohl fühlst.

»WAS FÜR DICH AM ANGENEHMSTEN IST, DAS IST PERFEKT FÜR DICH.«

Licht

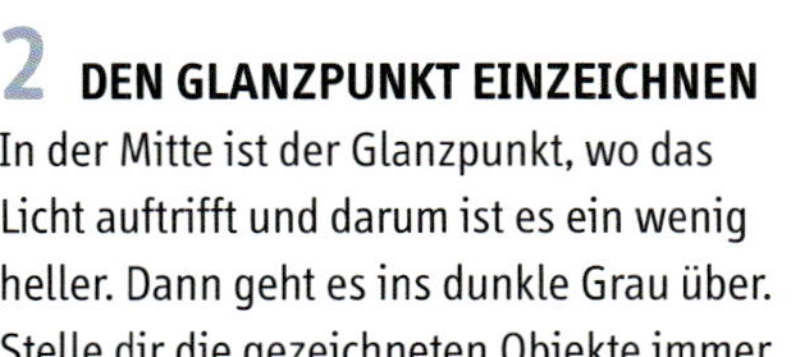

2 DEN GLANZPUNKT EINZEICHNEN

In der Mitte ist der Glanzpunkt, wo das Licht auftrifft und darum ist es ein wenig heller. Dann geht es ins dunkle Grau über. Stelle dir die gezeichneten Objekte immer bildlich vor. Bedenke ihre Form. Wo sind sie rund? Wo sind Kanten und Kurven? All das spielt bei dem Verteilen von Licht und Schatten eine Rolle.

DAS ANSPITZEN VON WEICHEN BLEISTIFTEN Wahrscheinlich hast du bereits gemerkt, dass das Anspitzen der weichen Stifte seine Tücken hat. Ich war jedenfalls damals sehr genervt, weil meine Stifte im Spitzer immer abbrachen. Bis ich irgendwann erfahren hatte, dass man weiche Stifte mit einem scharfen Messer anspitzt. Sei dabei aber bitte vorsichtig! Nicht dass es am Ende heißt, ich kann nun zwar klasse zeichnen, aber habe nur noch vier Finger. Also, pass wirklich gut auf! Und achte immer darauf, dass der Stift nicht herunterfällt, damit die Mine nicht bricht.

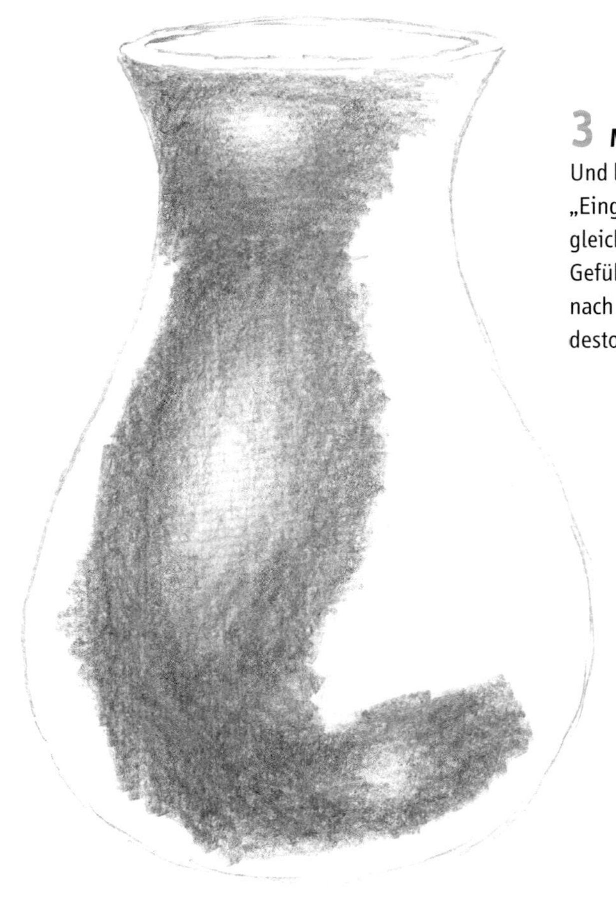

3 MIT DEM „EINGRAUEN“ BEGINNEN

Und los geht’s mit dem dir bereits längst bekannten „Eingrauen“. Da es eine dunkle Vase wird, starten wir gleich mit dem 5B beziehungsweise 6B Stift. Mit viel Gefühl in der Hand arbeitest du dich vom Glanzpunkt nach außen. Je weiter du vom Licht weg zeichnest, desto dunkler wirst du.

»LASS DIR ZEIT!«

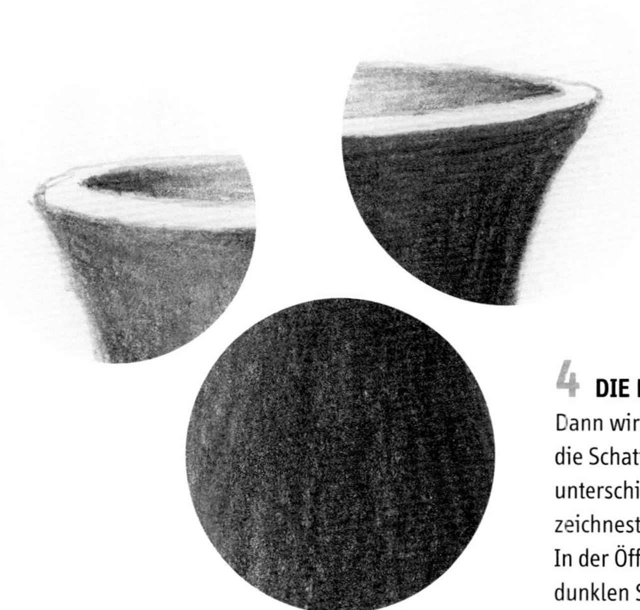

4 DIE PLASTISCHE FORM HERAUSARBEITEN

Dann wird’s dunkel. Mit dem 8B Stift „grauen“ wir die Schattenseite ein. Gib acht, dass du bei den unterschiedlichen Graustufen einen schönen Übergang zeichnest. Oben lässt du einen weißen Rand stehen. In der Öffnung zeichnest du links und rechts einen dunklen Schatten. So bekommt das Ganze eine tolle plastische Form.

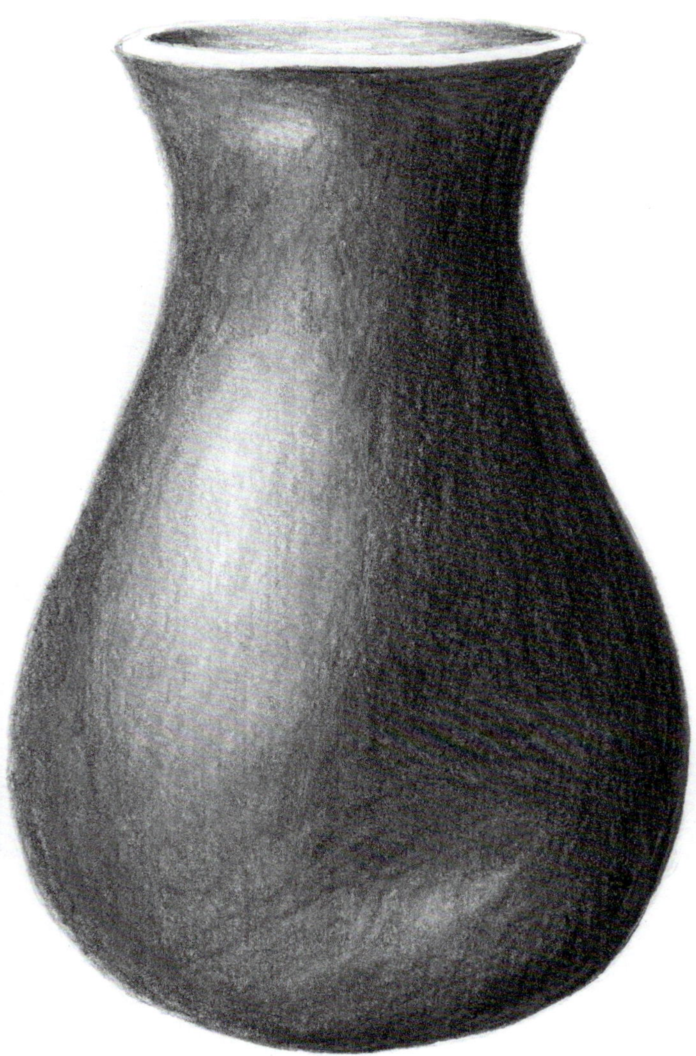

5 DU HAST ES GESCHAFFT!

Was nun noch zu hell ist, dunkelst du einfach ab. Stell dir vor, dass du Schicht für Schicht auf dein Bild zeichnest. So, als würdest du immer dunklere Blätter aufeinander legen.

»FÜHL DICH IN DEIN MOTIV EIN. ES WIRD DIR LEICHTER FALLEN.«

In den Videos kannst du noch einmal genau sehen, was meine Hand beim Zeichnen tut. Ich spiele bei diesem Motiv mit mehr und weniger Druck in der Hand. Im Laufe der Zeit wirst du genauso sicher wie ich Übergänge im Schlaf zeichnen können.

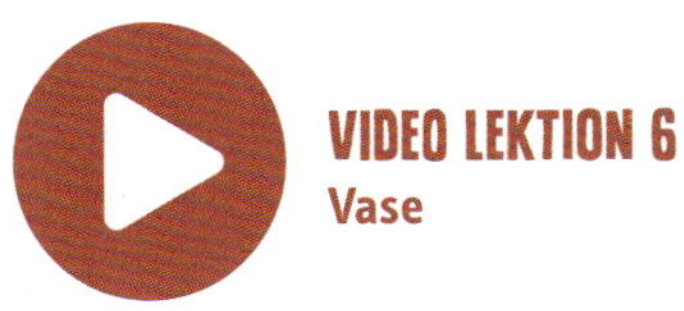

LEKTION 7: STEINE

DAS BRAUCHST DU:
HB Bleistift und Bleistifte in 5B, 6B und 8B
weißes Papier

VORLAGE:
Seite 114

Willkommen zur nächsten Übung! Bist du beim Zeichnen bisher gut vorangekommen und hast du Lust auf mehr? Prima, dann legen wir wieder los. Ich möchte mit dir ein weiteres tolles Motiv zeichnen, und zwar eine Gruppierung von Steinen. Das ist eine super Sache, denn man kann sie perfekt in Landschaftsbilder einbauen. Zum Beispiel, um etwas in den Hintergrund zu drängen oder um etwas hinter ihnen zu verstecken. Auch um mehr Details in einem Bild zu haben, damit es spannender wird. Und es gibt noch viel mehr Möglichkeiten!

»LASS DICH VON DER NATUR INSPIRIEREN.«

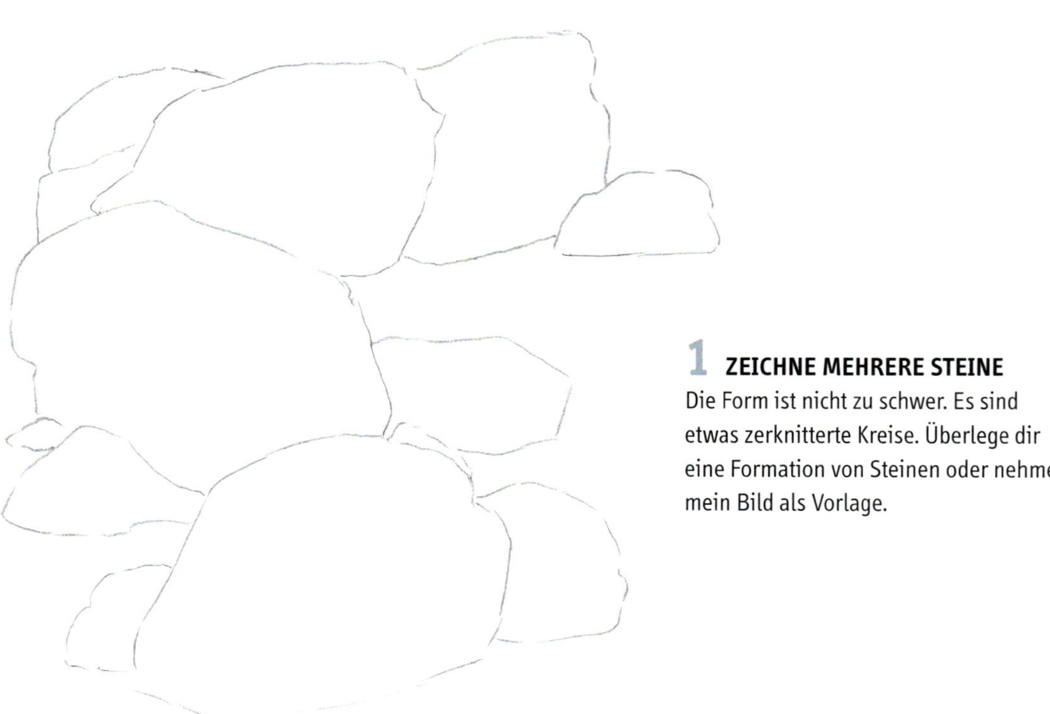

1 ZEICHNE MEHRERE STEINE
Die Form ist nicht zu schwer. Es sind etwas zerknitterte Kreise. Überlege dir eine Formation von Steinen oder nehme mein Bild als Vorlage.

Du kannst auch in der Natur zeichnen oder Fotos machen und dann zu Hause danach zeichnen. Mach einen tollen Ausflug und bring etwas Zeichenmaterial davon mit. Das wäre doch eine perfekte Verbindung!

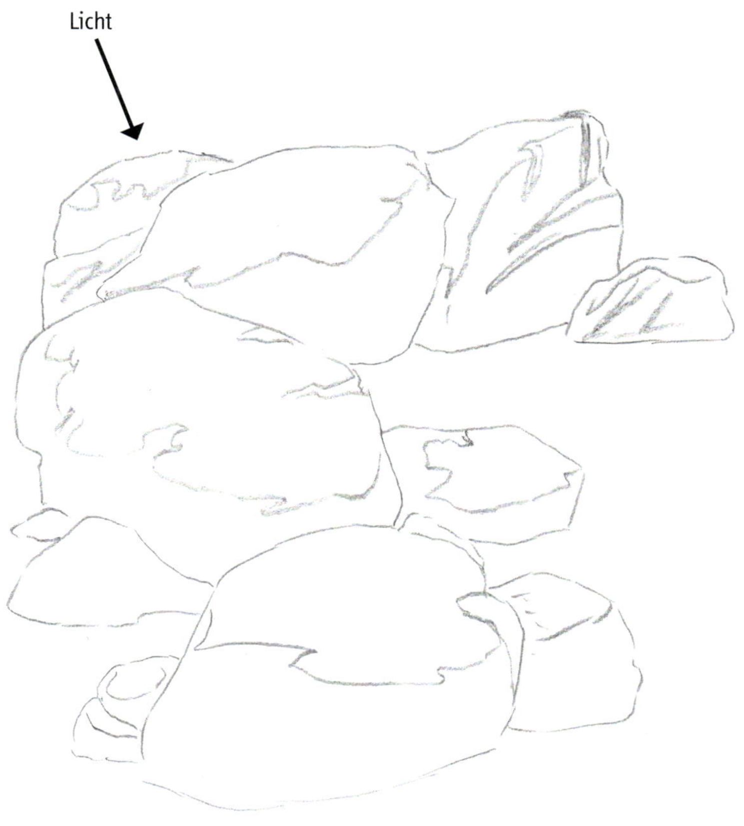

2 WOHER KOMMT DAS LICHT?

Im nächsten Schritt fügen wir den Schatten hinzu. Überlege, wo soll das Licht auftreffen und wo fällt dann der Schatten hin. Beachte, dass es in den Ritzen zwischen den Steinen am dunkelsten ist.

»LASS ES EINFACH GESCHEHEN.«

ZU BEGINN WUSSTE ICH NICHT, dass es mehrere Härtegrade gibt. Mit dem HB Bleistift habe ich das ganze Bild gemalt und mich immer abgemüht, dunkle Fläche hinzubekommen. Krämpfe in der Hand waren die Folge. Das war wirklich demotivierend. Eines Tages fragte ich in einem Schreibwarenladen nach einer Lösung für dunkle Flächen. Erst dann lernte ich 6B, 8B und weitere weiche Stifte kennen. Das war wie eine Art Erlösung, die vieles leichter machte. Und das Beste: der Spaß kam ganz schnell wieder zurück!

Wir pirschen uns langsam ran. Nimm deinen HB Stift und schraffiere den Schatten ein. Wenn du dabei bist, kannst du gucken, ob dir hier oder dort ein weiterer Schatten gefallen würde. Mit dem HB Stift kannst du die Struktur flexibel festlegen. Manchmal ist es richtig spannend, was dabei rauskommt.

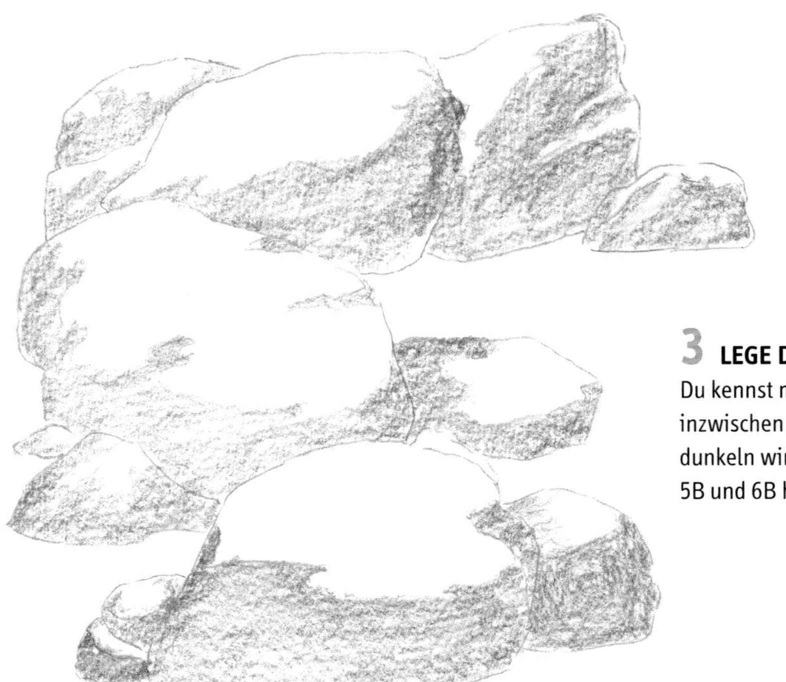

3 LEGE DEN SCHATTEN AN

Du kennst meine Vorgehensweise inzwischen schon ganz gut. Als Nächstes dunkeln wir so manche Stelle wieder ab. 5B und 6B helfen uns dabei.

»SO WIE DU DEIN BILD ZEICHNEST, IST ES NIEMALS VERKEHRT.«

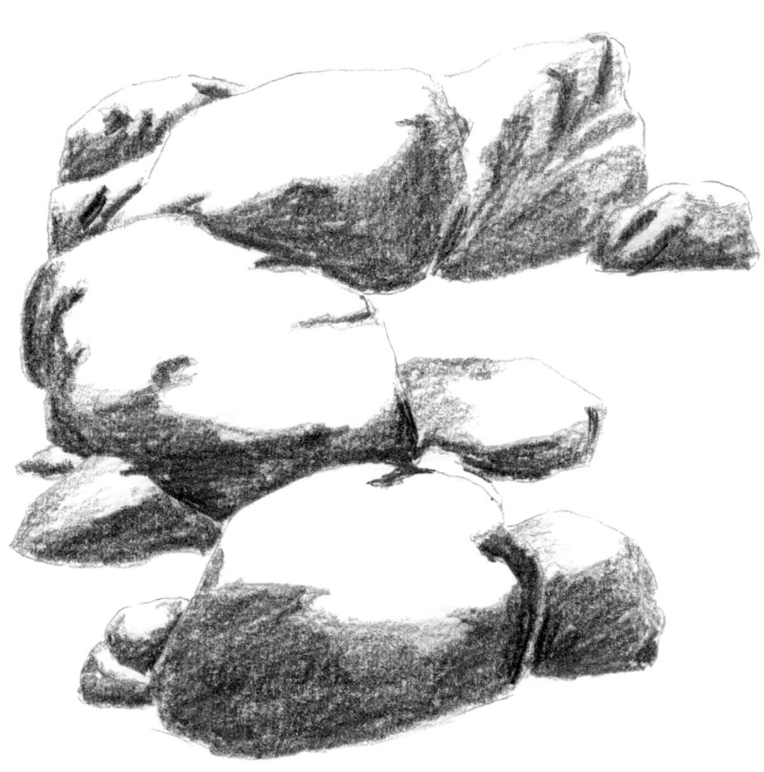

4 WEITERE STELLEN ABDUNKELN

Damit wir wirklich Tiefe in das Bild bringen, muss es im Schatten zwischen den Steinen auch wirklich dunkel sein.

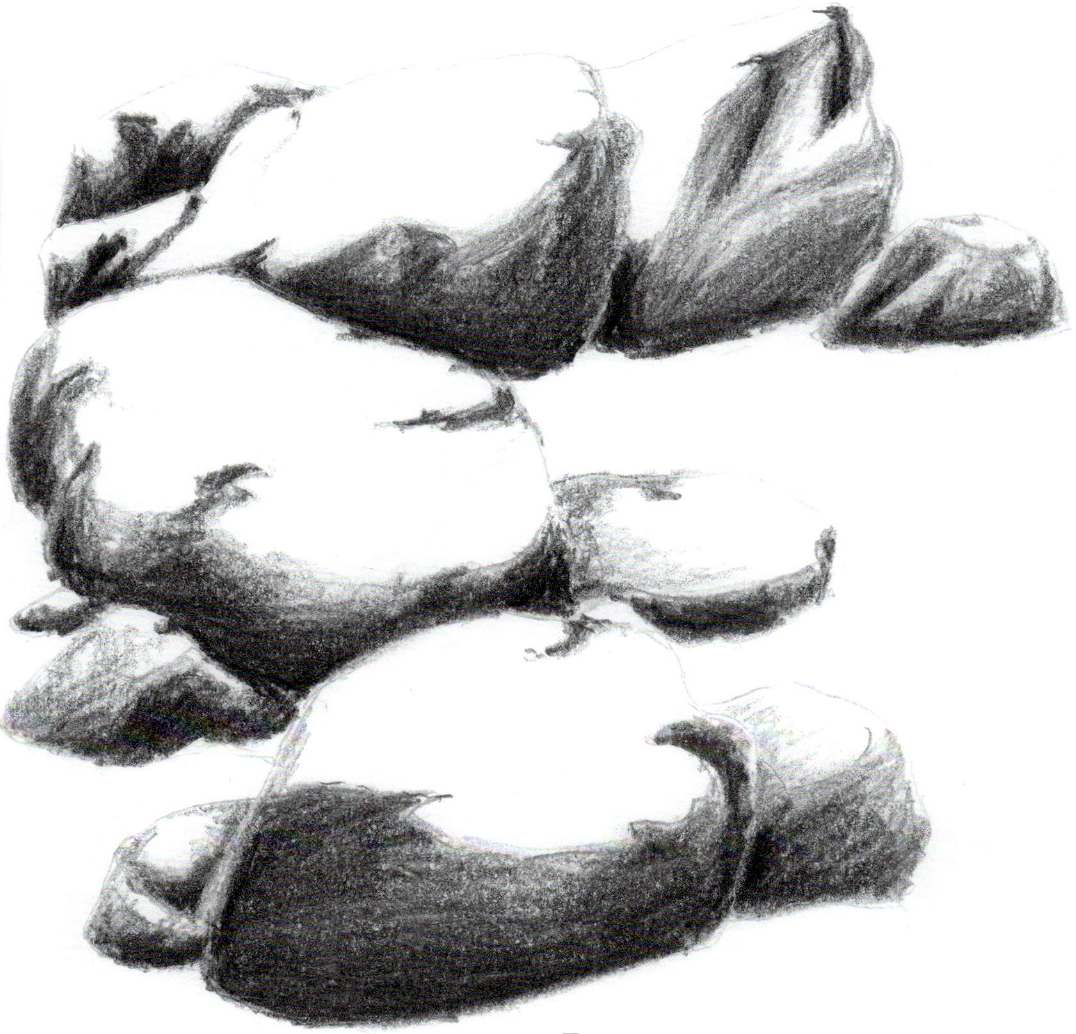

5 DU HAST ES GESCHAFFT!

Zum Schluss kannst du mit dem 8B Stift noch kleine Highlights setzen. Zeichne die tiefsten Stellen in den Steinen ein und prüfe, ob dir die Form und der Schatten gefallen, so wie sie jetzt sind. Zur Not kannst du kleine Verbesserungen vornehmen. Genieße es und denke dabei immer daran: Es ist dein Bild! Und wenn du darin etwas verändern möchtest, ist es deine Entscheidung!

Ja, auch hier möchte ich dir noch einmal genau zeigen, wie ich vorgehe. Schau dir gleich das Video an.

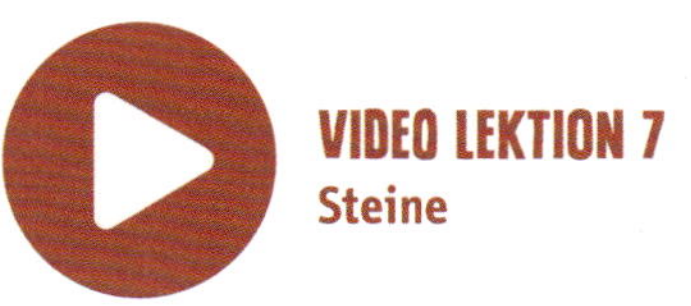

Ich freue mich auf die nächste Übung mit dir!

LEKTION 8: WASSERTROPFEN

DAS BRAUCHST DU:

HB Bleistift und Bleistift in 6B

Verwischstift

weißes Papier

VORLAGE:

Seite 114

Wir kommen zu dem lustigen Thema Wassertropfen. Sie sehen immer super aus und man kann sie toll in Bilder einarbeiten. Ein Glas, an dem Tropfen herunterlaufen, sieht einfach interessanter aus.

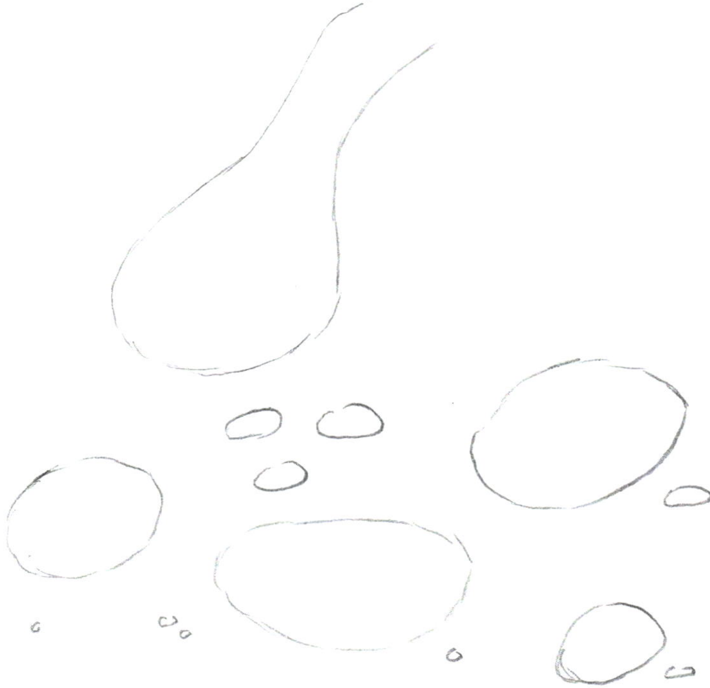

1 ZEICHNE KLEINE KREISE

Du startest mit kleinen Kreisen oder Ovalen. Das Gute daran: Die Form muss nicht perfekt sein! Es sind eben Wassertropfen.

» DIE EINZELNEN SCHRITTE FALLEN DIR MIT JEDER LEKTION LEICHTER. «

MEIN TIPP FÜR DICH Betrachte das Wasser einfach einmal zu Hause. Wie sehen die Tropfen im eigenen Waschbecken daheim aus oder Regentropfen an deiner Fensterscheibe?

2 LEGE DIE LICHTPUNKTE FEST

Was folgt? Ja, genau: die Lichtpunkte. Ich wähle als Rechtshänder wieder das Licht von links. Zeichne die Lichtpunkte aber nicht zu stark ein! Mit dem HB Stift und mit wenig Druck geht das prima.

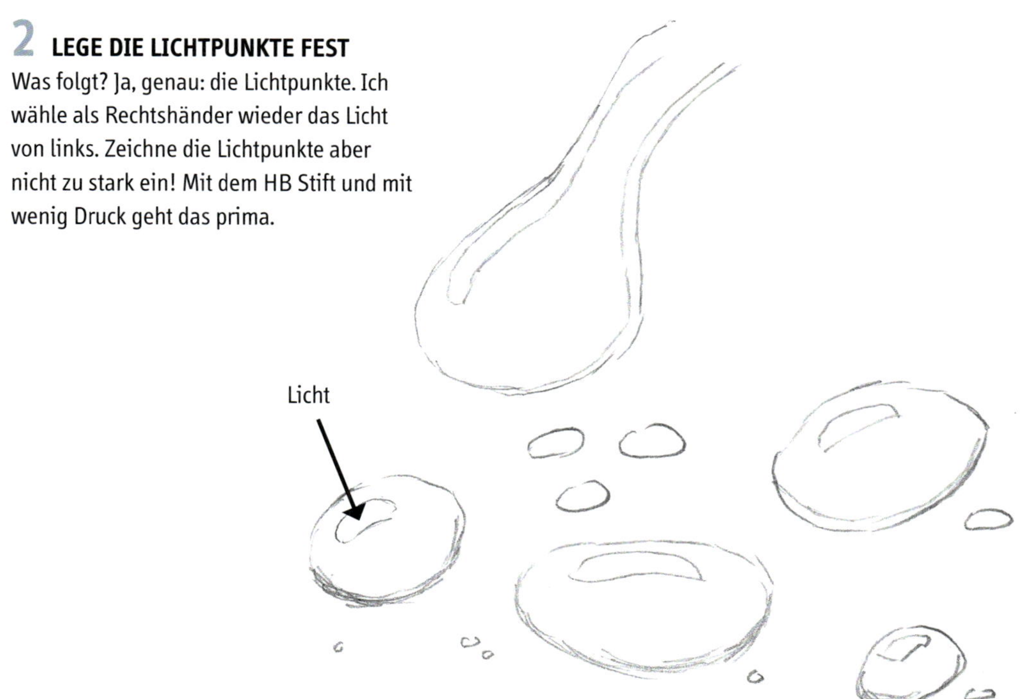

»WIE IMMER – EINFACH EINFACH!«

3 FÄRBE DIE TROPFEN GRAU EIN

Damit sich das Ganze vom weißen Blatt abhebt, brauchen wir wieder Grau. Mit dem HB Stift kannst du das schnell erledigen. Dabei musst du nicht allzu sorgfältig vorgehen, denn wir werden die Wassertropfen gleich weiterbearbeiten.

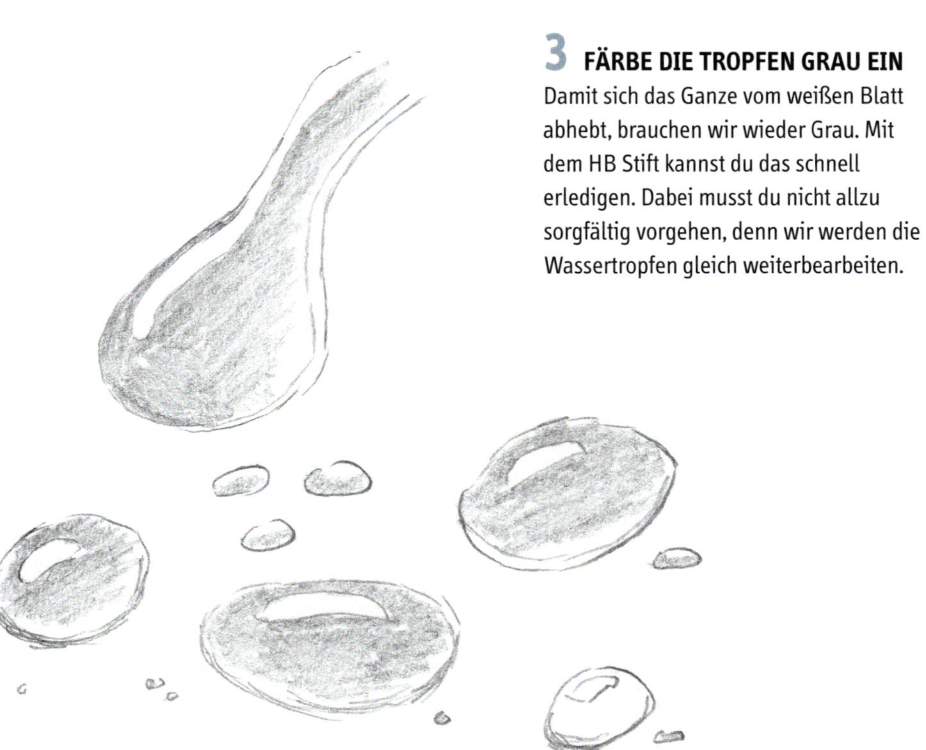

Yeah, nun werden wir zum ersten Mal den Verwischstift benutzen. Aber Verwischen ist ein Thema, an dem sich die Geister scheiden. Die einen sagen, es darf nicht verwischt werden, weil es dann nicht mehr nach einer Zeichnung aussieht. Die anderen sagen, es muss verwischt werden. Denn sonst sieht man so manch hässlichen Strich und ohne Verwischen kann man nicht fotorealistisch zeichnen. Ob man es nun mag oder nicht: Ich denke, es sollte jeder für sich entscheiden. Da es dir aber das Leben leichter machen kann und eine wirklich tolle Technik ist, möchte ich sie dir auf jeden Fall zeigen.

»PROBIERE ALLES AUS!«

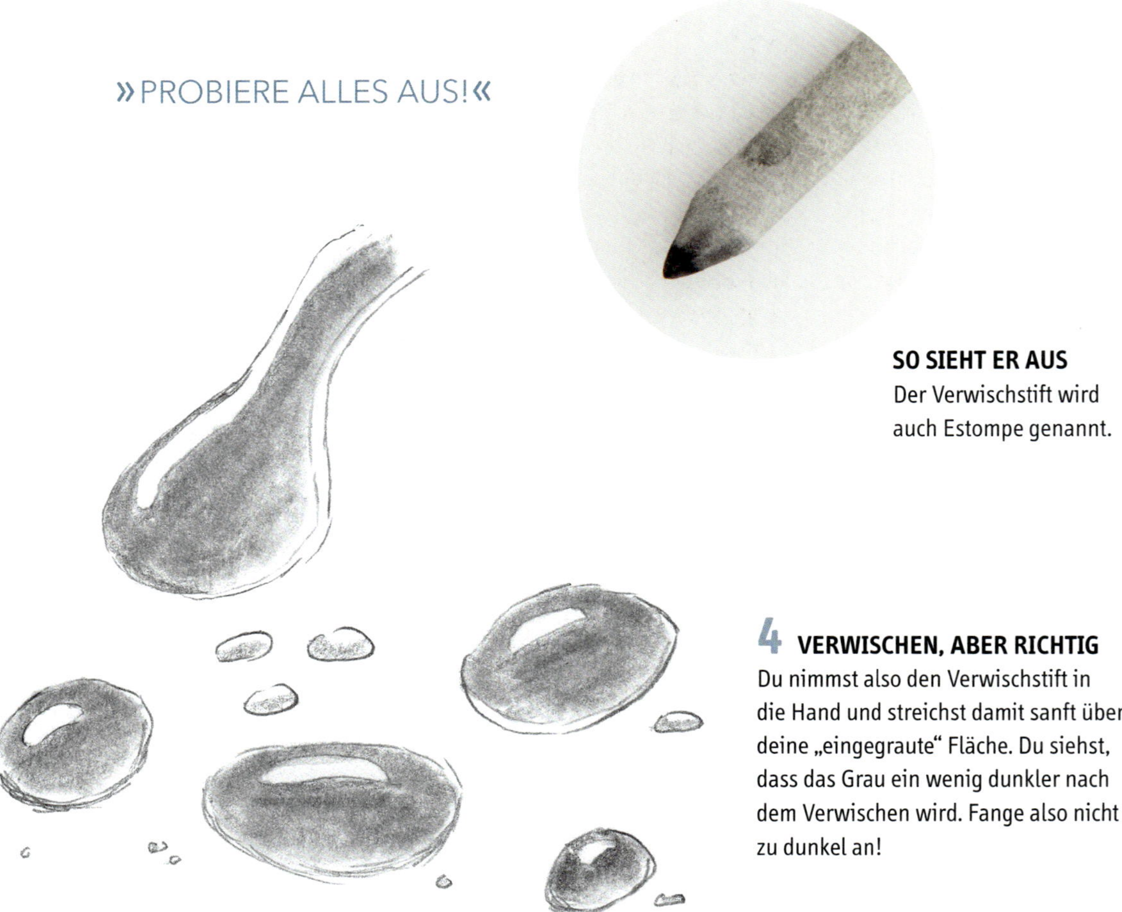

SO SIEHT ER AUS
Der Verwischstift wird auch Estompe genannt.

4 VERWISCHEN, ABER RICHTIG

Du nimmst also den Verwischstift in die Hand und streichst damit sanft über deine „eingegraute" Fläche. Du siehst, dass das Grau ein wenig dunkler nach dem Verwischen wird. Fange also nicht zu dunkel an!

MEIN TIPP FÜR DICH Du findest Verwischstifte im gut sortierten Schreibwarenhandel oder im Internet. Der Fachbegriff dafür ist **Estompe.** Hast du gerade keinen da, aber möchtest gleich durchstarten, kannst du auch etwas Löschpapier zusammenrollen oder ein Wattestäbchen benutzen. Es gibt einiges, das funktioniert. Teste es einfach mal aus.

»LICHT UND SCHATTEN GEBEN EINER FORM LEBEN!«

5 DUNKLER WERDEN

Wir fügen nun noch ein wenig dunkleres Grau hinzu, um die Wassertropfen rund und plastischer erscheinen zu lassen. Dazu bringen wir an der hinteren Seite ein wenig dunkleres Grau an. Zeichne dabei vorsichtig um die Glanzpunkte herum. Denn was du mühsam erarbeitet hast, solltest du auch nicht zerstören.

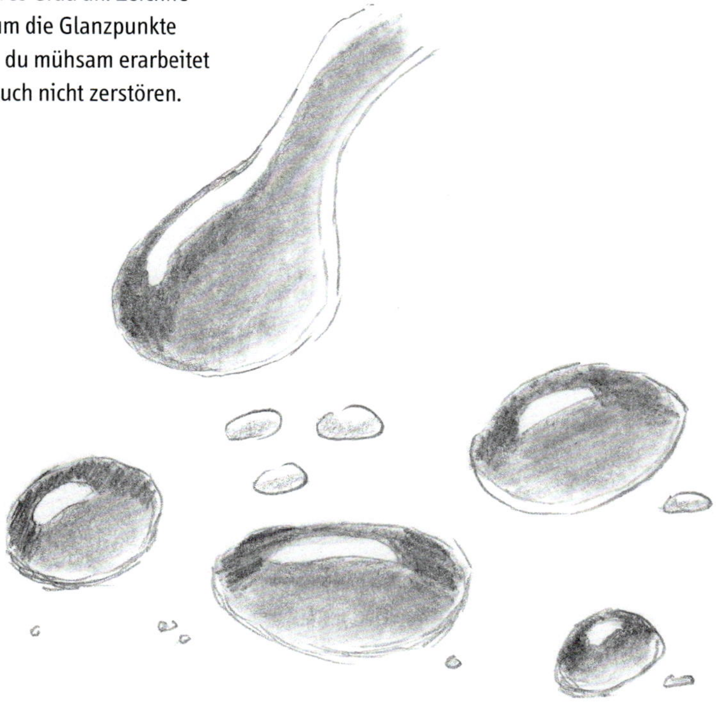

MEIN TIPP FÜR DICH Wasser bedeutet Leben. Das sollte man auch in unseren Zeichnungen wiederfinden. Deshalb ist es wichtig, typische Formen mithilfe von Licht und Schatten herauszuarbeiten. Wie hier die runde Form der Wassertropfen. Versuche immer das Typische herauszuarbeiten, dann wird deine Zeichnung lebendig.

6 ERNEUT VERWISCHEN

Nun wird wieder verwischt. Die Übergänge sollten dabei homogen ineinander übergehen. Wiederhole das Eingrauen und Verwischen so oft, bis du mit dem Resultat zufrieden bist. Achte darauf, dass der untere Rand der Tropfen heller ist als die Mitte.

Durch das Verwischen lassen sich verschiedene Graustufen noch leichter und wirklich toll miteinander verbinden. Warum sollten wir also darauf verzichten? Teste es einfach mal selbst und dann entscheide für dich.

»PROBIEREN IST ALLES!«

MEIN TIPP FÜR DICH Ist es nicht herrlich, wenn nach dem Regen die Sonne scheint? Man geht raus und bekommt gleich diesen frischen Duft in die Nase. Auf dem Boden, an den Gräsern, überall sind noch Regentropfen. Nach dem Unwetter kommt quasi das Neue. Alles kann durch den Regen wieder wachsen. Versuche ein wenig dieses Gefühl beim Zeichnen zu spüren. Zeichnen kann etwas sehr Emotionales sein. Lass es zu, dass es das auch für dich wird!

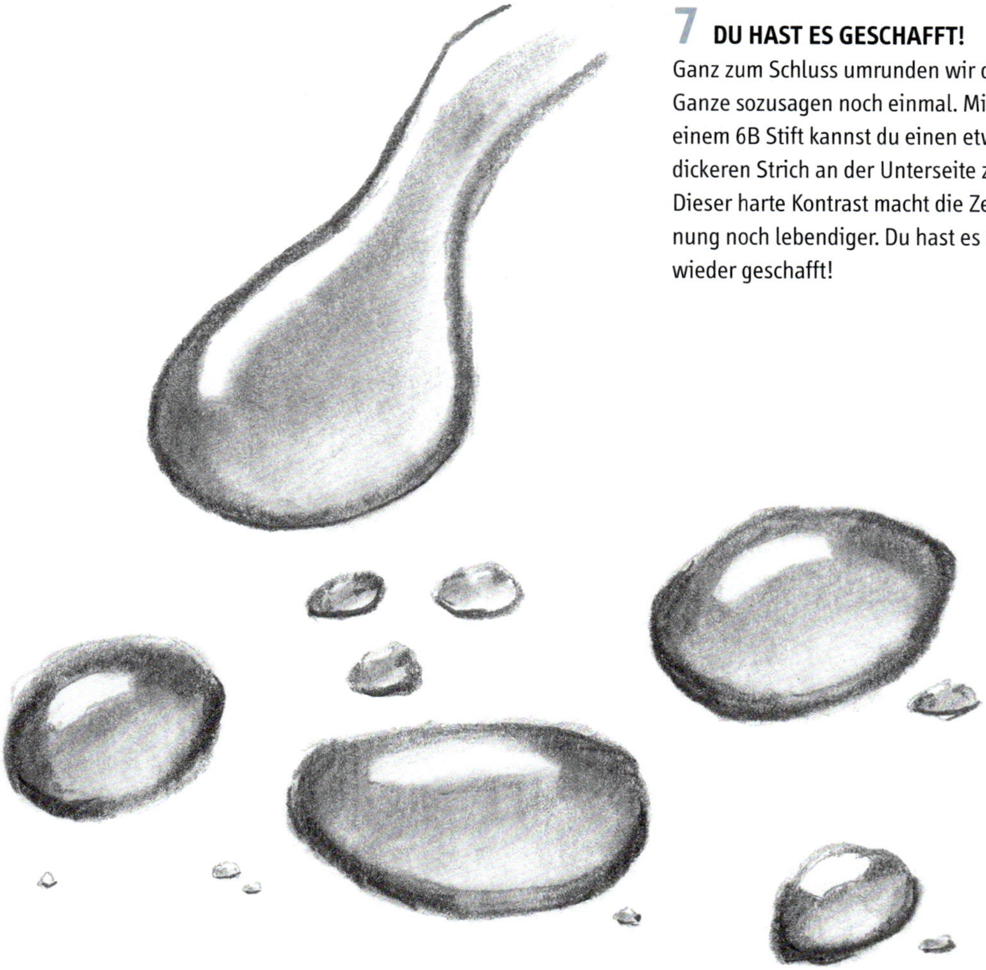

7 **DU HAST ES GESCHAFFT!**

Ganz zum Schluss umrunden wir das Ganze sozusagen noch einmal. Mit einem 6B Stift kannst du einen etwas dickeren Strich an der Unterseite ziehen. Dieser harte Kontrast macht die Zeichnung noch lebendiger. Du hast es mal wieder geschafft!

»WIEDER IST EIN MEISTERWERK FERTIG.«

Gerade wenn eine neue Technik oder neues Material an der Reihe ist, finde ich es immer sehr wichtig, wenn man dem Lehrer auf die Hand schauen kann. Ich hatte damals diese Möglichkeit leider nicht. Doch du kannst nun die tolle Technik des Internet-Zeitalters nutzen und egal wann und wo mit dem Zugang zu deiner ganz persönlichen „Digitalen Bibliothek" sofort durchstarten. Ist das nicht super? Die Webadresse ist **www.topp-kreativ.de/digibib**

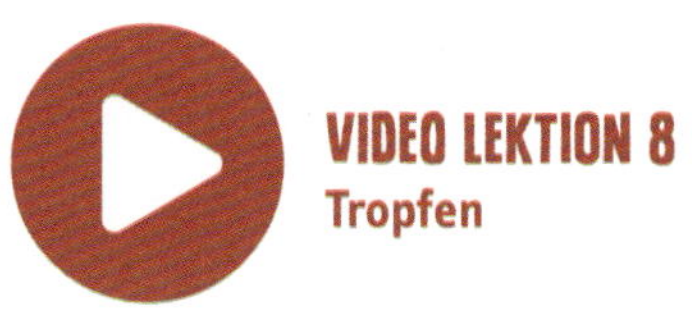

LEKTION 9: REFLEXIONEN

DAS BRAUCHST DU:

HB Bleistift und Bleistifte in 5B, 6B und 8B
Verwischstift
Radiergummi
weißes Papier

VORLAGE:

Seite 115

O.k. – Nun lass uns den Verwischstift noch weiter austesten. Wenn ein kleines Werkzeug solch große Effekte erzeugen kann, ist das immer sehr erstaunlich. Von daher sollte man dieser kleinen Wunderwaffe die angemessene Aufmerksamkeit schenken und sie nicht einfach zur Seite legen, nur weil der eine oder andere findet, dass man beim Zeichnen nicht verwischen darf. Lass uns weiter damit Spaß haben und zu unserem nächsten Motiv kommen. Ich möchte mit dir interessante Reflexionen zeichnen.

Reflexionen sind herrlich und sehr beliebt in Landschaftsbildern. Ich habe einen verträumten See an einem verlassenem Ort für dich ausgesucht. Da möchte man sich am liebsten ausruhen und auf einer Wiese einfach seine Zeit genießen, fernab der Hektik im Alltag.

1 BEGINNE MIT DEN UMRISSEN

Zuerst zeichnest du die Umrisse der Steine und der Laterne. Da sich die Steine und die Laterne im Wasser leicht spiegeln sollen, zeichnest du auch wie auf dem Bild die Umrisse spiegelverkehrt nach unten mit ein.

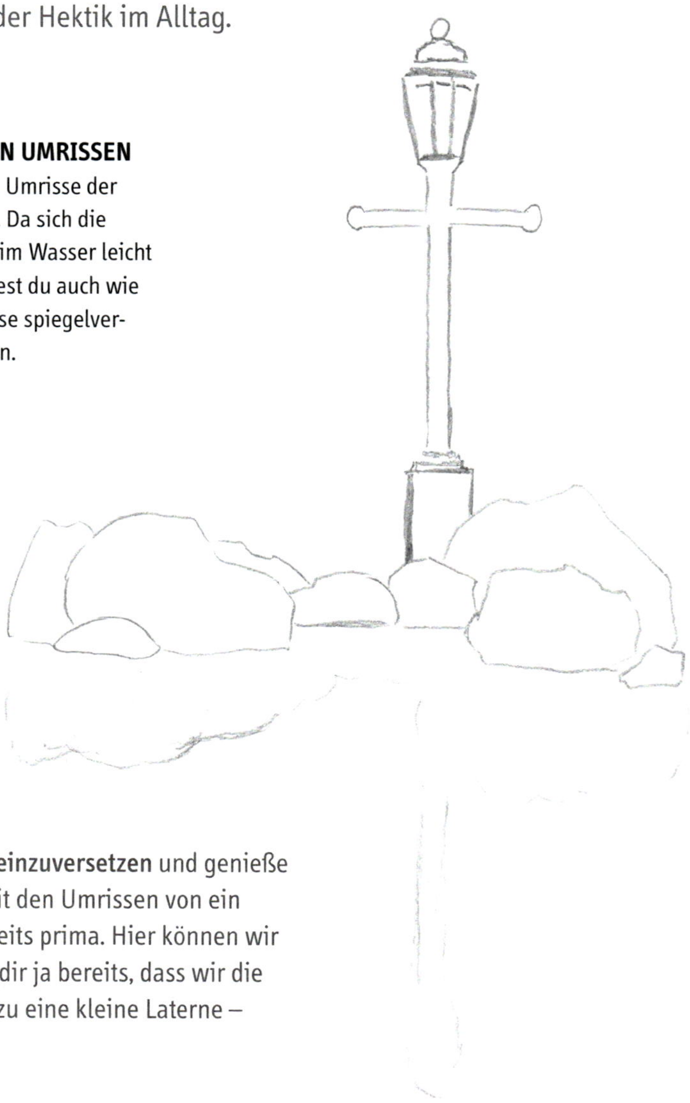

Versuche dich in die Situation hineinzuversetzen und genieße dieses tolle Gefühl. Starte dann mit den Umrissen von ein paar Steinen, das kannst du ja bereits prima. Hier können wir sie nun super einbauen. Ich sagte dir ja bereits, dass wir die Steine gut verwenden können. Dazu eine kleine Laterne – idyllisch.

2 MOTIV „EINGRAUEN“

Nun folgt das Eingrauen des Motivs. Dabei graust du beim Wasser die Seiten etwas mehr ein als die Mitte. So bekommt das Wasser einen tollen Glanzeffekt.

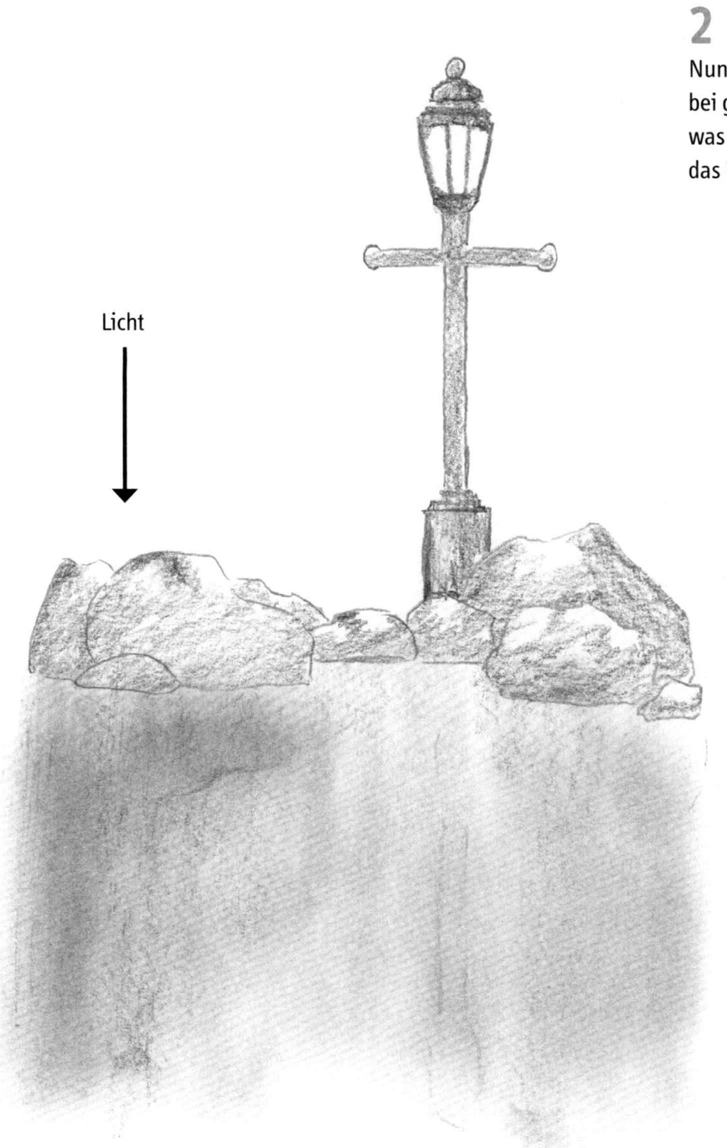

Das Licht kommt bei dieser Zeichnung von oben. Die obere Seite der Steine ist also am hellsten. Achte darauf, wenn du jetzt ein schönes Steinmuster zeichnest. Schau es dir auf meiner Zeichnung genau an. Oder fahre wirklich an einen kleinen See und nimm deinen Zeichenblock mit. Das würde ich sogar noch besser finden.

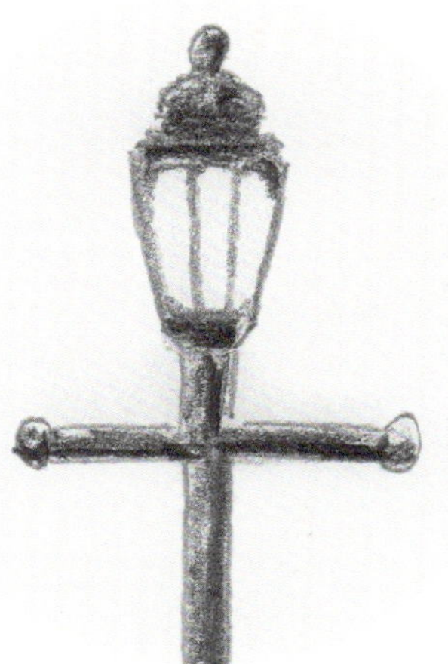

3 LATERNE

Wir zeichnen nun die Laterne etwas dunkler.

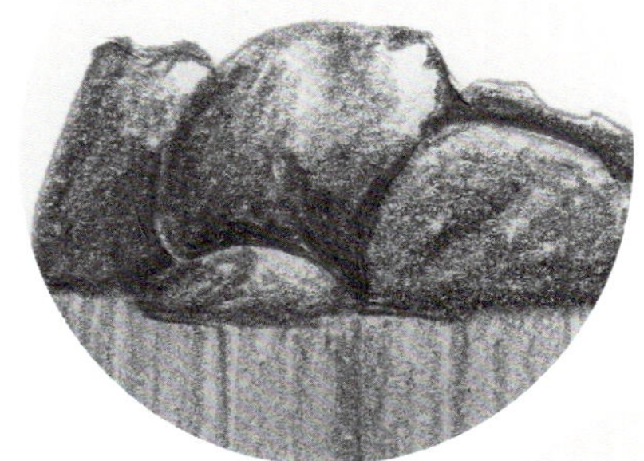

4 STEINE

Mit dem 5B oder 6B Stift „grauen" wir den Schatten auf den Steinen ein wenig ein. Anschließend geht es an das Steinmuster und zwar mit Höhen und Tiefen.

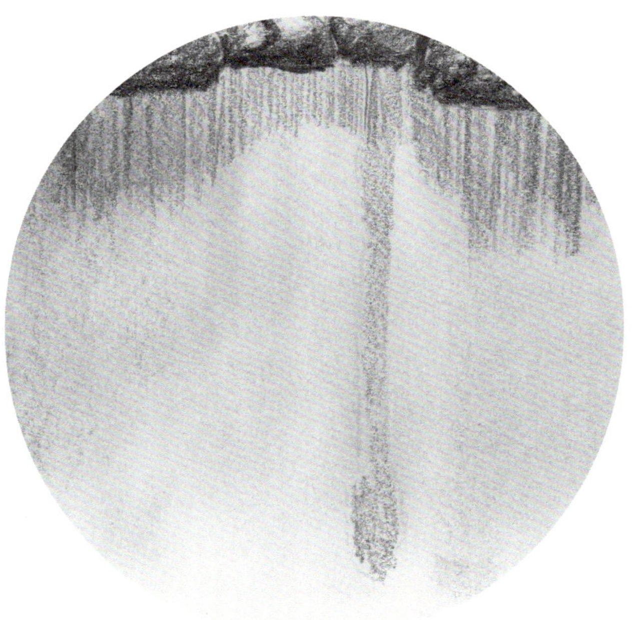

5 REFLEXIONEN

Dann gehen wir mit dem Stift zu den Reflexionen unter den Steinen. Wenn ein Stein zum Beispiel 5 cm hoch ist, zeichne auch die Striche der Reflexion 5 cm lang. Ist ein Stein nur 2 cm hoch, dann zeichne auch die Reflexion nur 2 cm lang. Du kannst bei den Steinen ansetzen und nach unten gerade Striche wegziehen.

Achte aber darauf, dass es möglichst gerade Striche werden. Der eine oder andere darf gerne dicker oder dünner als der benachbarte Strich sein oder auch heller oder dunkler. Das bringt etwas Abwechslung.

6 DIE SCHATTIERUNGEN ANLEGEN

Hier siehst du nochmals die ganze Zeichnung. Erstaunlich, welche Wirkung ein paar Schatten auf eine Zeichnung haben. Findest du nicht auch?

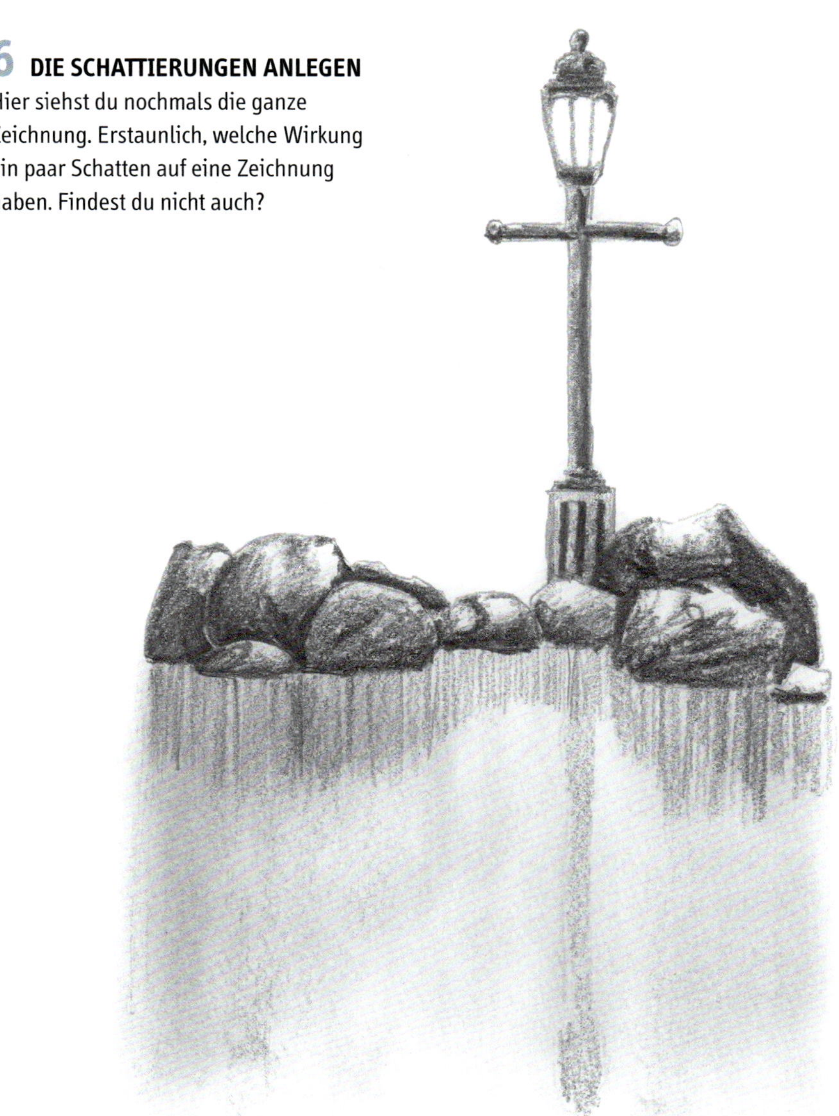

Jetzt kommen wir zum Verwischen. Eigentlich würden wir nach dem ersten Mal „Eingrauen" schon verwischen. Ich möchte aber das Graphit vom 6B Stift aus dem letzten Schritt auf dem Bild haben, um das Ganze schön nach unten verwischen zu können.

MEIN TIPP FÜR DICH Beim „Eingrauen" ist es immer einfacher, wenn schon ein wenig Graphit vom Bleistift auf dem Bild ist, als wenn das Bild noch unberührt ist! Wir arbeiten Schicht auf Schicht. Das Graphit ist weicher als das harte Papier. Wenn du beispielsweise auf einem leeren Papier mit deinem Verwischstift herumfährst, quietscht es ganz ekelhaft. Gleitet man dagegen über die Graphitschicht, ist das gleich viel angenehmer und leichter. Probiere beides aus.

7 VERWISCHEN

Nachdem wir die Steine ein wenig verwischt haben, setzen wir unseren Verwischstift ganz unten an den Steinen an. Von dort ziehen wir wieder in geraden Strichen nach unten. Dabei nehmen wir quasi das ganze Graphit auf dem Bild mit nach unten und lassen daraus unsere Reflexionen entstehen. Achte darauf, dass Reflexionen immer unscharf sind. Auch den Laternenpfahl können wir noch ein wenig verwischen und Details nacharbeiten. Mit dem 8B Stift zeichnen wir in den Ritzen zwischen den Steinen noch tief dunkles Schwarz ein. Das gibt dem Ganzen mehr Tiefe und auch bei der Laterne können wir die Details, die am tiefsten sitzen, schwarz einzeichnen. Die Reflexion der Laterne deuten wir ein wenig an. Da diese mehr im hellen Bereich des Wassers liegt, sollte die Reflexion nicht zu dunkel sein.

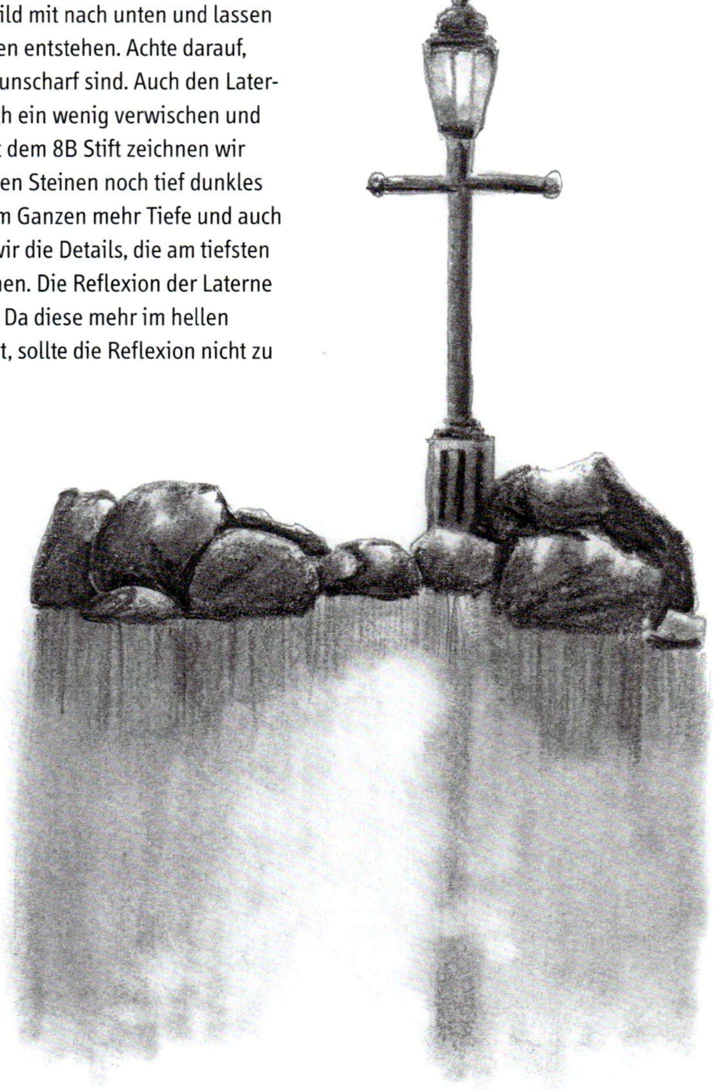

»ALLES HAT EIN ENDE!«

Am Ende kannst du die Details noch so lange bearbeiten, bis du damit wirklich zufrieden bist. Schau aber, dass es nicht zu viel wird. Ich weiß, man kann sich darin verlieren. Doch manchmal wird es irgendwann zu viel des Guten. Daher ist es immer sehr wichtig, einen Schlusspunkt zu finden.

8 DU HAST ES SCHON FAST GESCHAFFT!

Wenn du einen Radiergummi zu Hause hast, kannst du auch noch Wasserlinien „einzeichnen", wo das Wasser zum Beispiel auf die Steine trifft. Vielleicht möchtest du wie ich, dass eine kleine Ente auf dem Wasser schwimmt. Auch diese hat eine kleine Reflexion nach unten. Dafür reichen ein paar kleine Striche, die ich nach unten verwischt habe. Abschließend noch eine Wasserlinie radieren und schon bist du fertig.

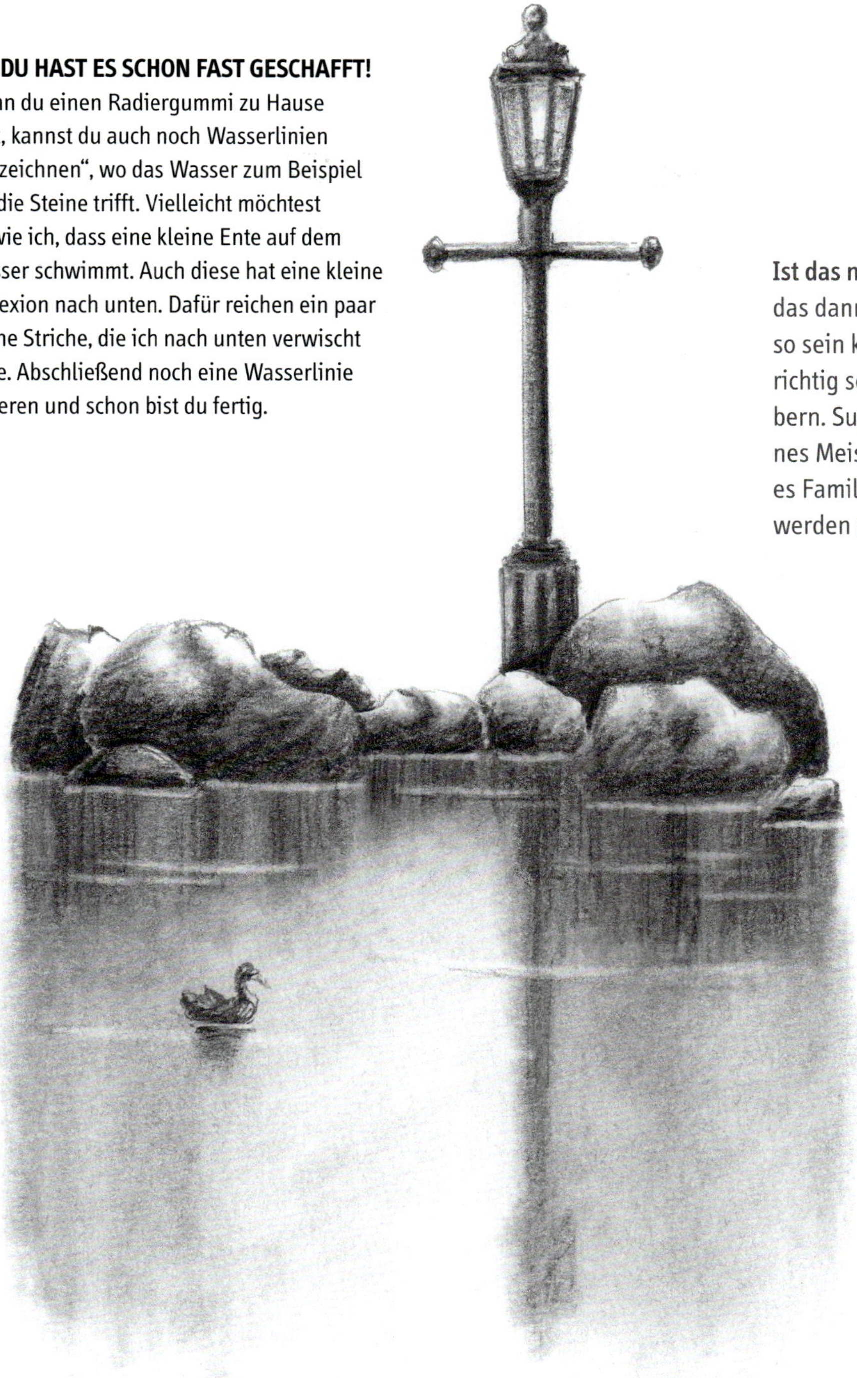

Ist das nicht fantastisch, wie schnell das dann geht und wie kreativ man so sein kann? Ich bin sicher, du wirst richtig schöne kleine Welten zaubern. Super. Wieder hast du ein kleines Meisterwerk fertig und kannst es Familie und Freunden zeigen. Sie werden sicher sprachlos sein.

»GENIESSE DIE BEWUNDERUNG. DU HAST SIE DIR VERDIENT.«

Um es noch einmal zu verinnerlichen und genau zu sehen, wie ich mit der Hand den Verwischstift bewege, schaue dir das Video in deiner Digitalen Bibliothek an.

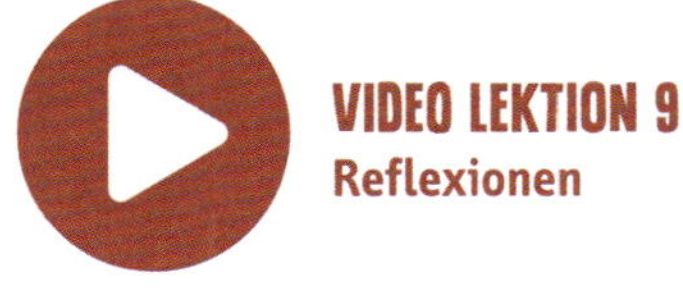

LEKTION 10: WOLKEN

DAS BRAUCHST DU:

HB Bleistift und Bleistifte in 6B und 8B

Verwischstift

Knetradiergummi

weißes Papier

VORLAGE:

Seite 116

Darauf habe ich mich ganz besonders gefreut. Wir werden jetzt Wolken zeichnen. Das Tolle daran ist: Die Natur ist FREI! Das bedeutet, wenn du in einem Landschaftsbild einen Baum zeichnest und er dir aus Versehen schief gerät, dann ist das kein Fehler. Womöglich ist dieser Baum einfach schief gewachsen. Wer weiß das so genau. Es ist deine Welt und darin bestimmst du. Genauso verhält es sich mit den Wolken. Sie sind frei und haben die ungewöhnlichsten Formen. Kaum etwas ist so frei wie die Wolken. Yeah, auf geht's. Wir können nichts falsch machen!

1 STARTE MIT DER HORIZONTLINIE

Für die Horizontlinie nimmst du am besten ein Lineal. Der Horizont sollte wirklich gerade sein.

Danach überlegen wir uns eine tolle Form. Schau dir meine Skizze genau an oder lass dich vom Himmel inspirieren. Ein Blick nach oben genügt. Viel zu selten sehen wir uns noch die Schönheit eines tollen Himmels mit herrlichen Wolken an. Oft haben wir den Blick einfach nur nach vorne gerichtet auf das Ziel, an dem wir ankommen wollen. Nimm dir Zeit für dich und schaue einmal hoch. Vielleicht möchtest du dir auch mit einem geliebten Menschen gemeinsam einen Sonnenuntergang anschauen und lässt dich davon inspirieren. Das wäre doch traumhaft. Aber kommen wir erst mal wieder zurück auf unser Blatt Papier.

»SEI FREI WIE DIE WOLKEN.«

2 LEGE LICHT UND SCHATTEN FEST

Im nächsten Schritt legen wir Licht und Schatten fest. Ich möchte, dass der Rand der Wolken im Lichtschein ist. Also lasse ich ein wenig Platz und zeichne dann den Bereich für den Schatten ein, der mehr zur Mitte der Wolke liegt. Die Wolken sollen oben heller als unten werden. Darum werden wir unten mehr dunkle Bereiche einzeichnen.

Bei Bleistiftzeichnungen haben wir keine Farben zur Verfügung. Darauf müssen wir uns erst einstellen und lernen, umzudenken. Helle Bereiche bleiben weiß und unterschiedliche Farben drücken wir mit unterschiedlichen Graustufen aus. Achtung: Es gibt weniger Graustufen als Farben, die wir in den Bildern sehen!

MEIN TIPP FÜR DICH Zeichne den Horizont immer über oder unterhalb der Mitte des Bildes. Es sieht spannender aus. Ziehst du genau in der Mitte des Bildes den Strich, sieht es zu konstruiert aus.

3 GRAUSTUFEN SCHRAFFIEREN

Der Himmel ist eigentlich blau. Nun grauen wir ihn ein, um die Form weiter zu definieren. Wir schraffieren dort, wo wir den Himmel sehen möchten. Also auch unter den Wolken und über dem Horizont.

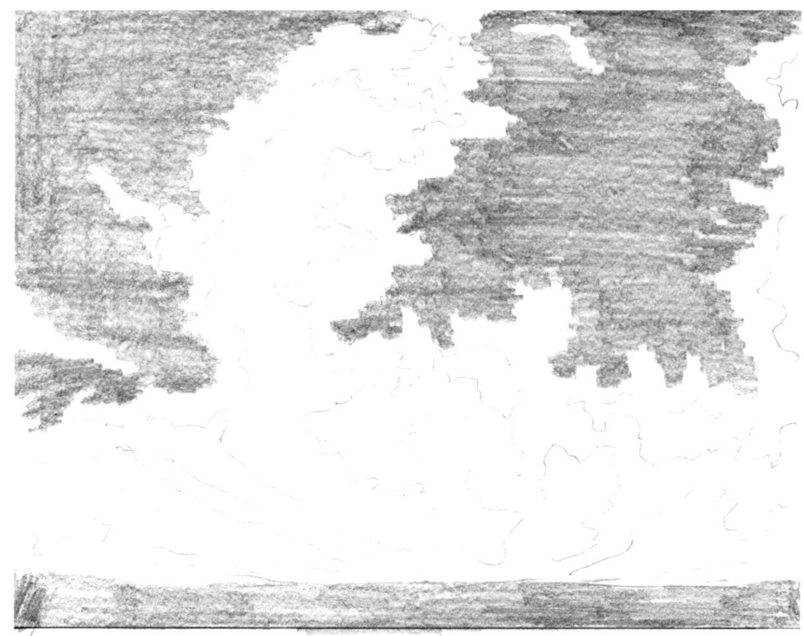

Der Himmel ist eine große Fläche. Leider sieht man bei solchen Flächen die Striche sehr gut. Und man sieht auch, aus welcher Richtung sie kommen. Das sieht nicht so schön aus und das wollen wir nicht in unserem Bild haben. Der Himmel soll eine homogene graue Fläche sein. Genau deswegen nutzen wir hier wieder unseren Verwischstift.

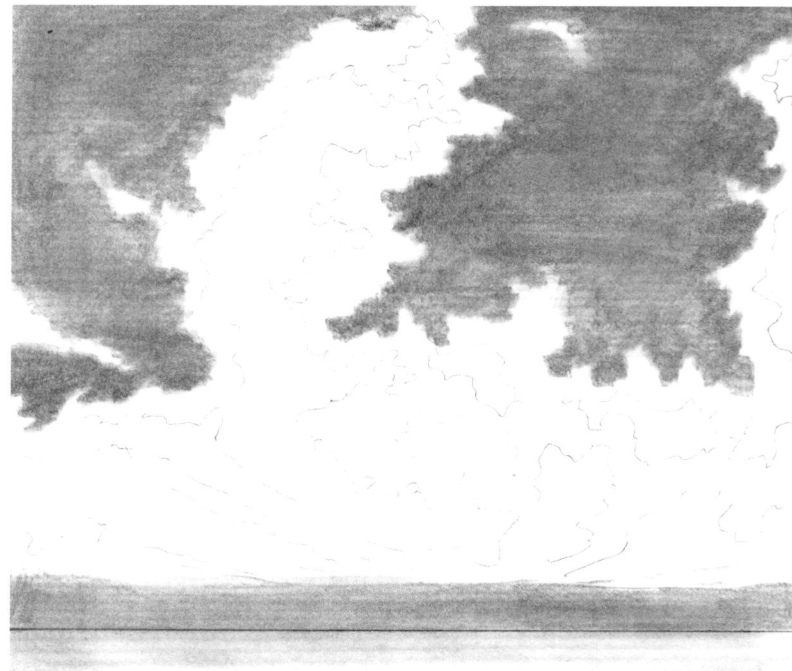

4 STRICHE VERWISCHEN

Jetzt bringen wir das Ganze zusammen. Der Himmel soll soft aussehen und nicht nach Strichen, die aus unterschiedlichen Richtungen kommen. Du kannst auch herrlich den Umriss der Wolke etwas softer machen, indem du die Umrisse sanft mit dem Verwischstift nachfährst.

5 WOLKEN PLASTISCH AUSFORMEN

Damit die Wolken mehr Form erhalten und plastischer wirken, bringen wir etwas Grau in die Mitte und in die Schattenbereiche. Der HB Stift reicht uns hier, da alles noch nicht zu dunkel werden soll. Du weißt ja: Dunkler machen ist nicht schwer, heller dagegen sehr!

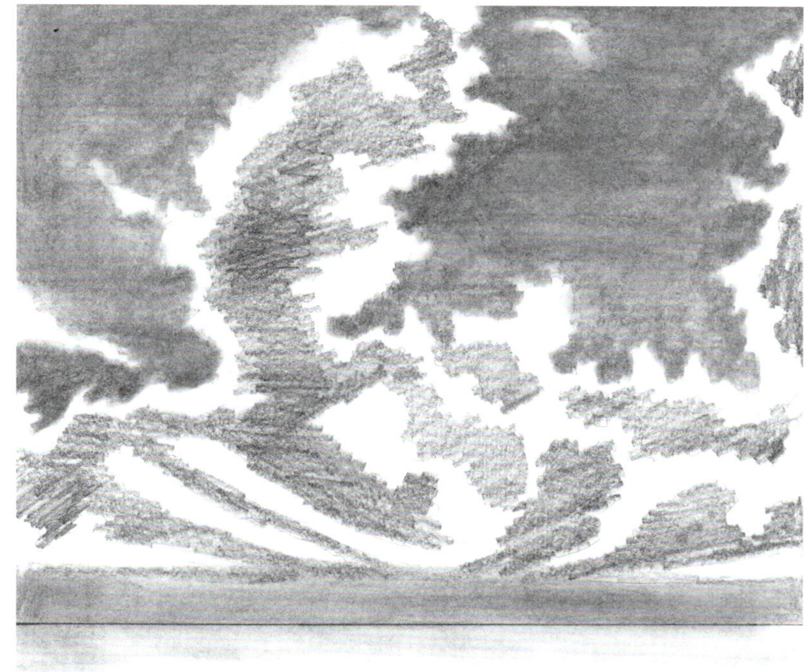

»SEI SO FREI WIE DEINE TECHNIKEN!«

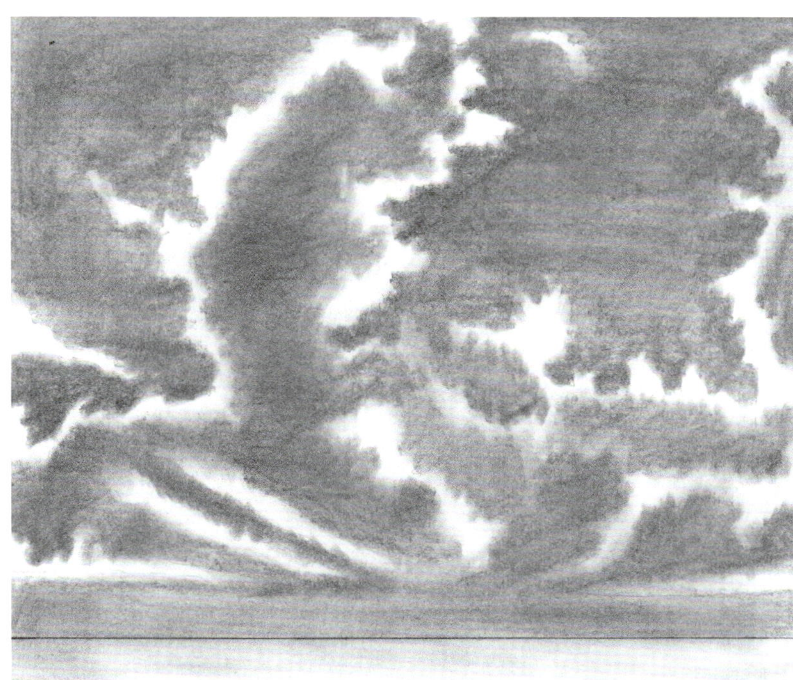

6 IN DER MITTE VERWISCHEN

Was kommt jetzt? Genau, auch das Graphit in der Mitte verwischen wir nun wieder. Du musst dir an dieser Stelle keine Sorgen um den weißen Rand der Wolke machen. Da werden wir am Ende noch unsere Magie wirken lassen.

Nun hast du erst mal gut Graphit auf dem Blatt Papier und damit eine super Basis geschaffen. Jetzt lässt es sich richtig gut weiterzeichnen. Als Nächstes möchten wir den Himmel interessanter fürs Auge gestalten und etwas mehr Kontrast in das Ganze bringen. Wie wir das machen? Genau, wir nehmen wieder unseren 6B Stift. Was du noch dunkler haben möchtest, schraffierst du nach deinem eigenen Geschmack einfach noch ein wenig mit dem 8B Stift.

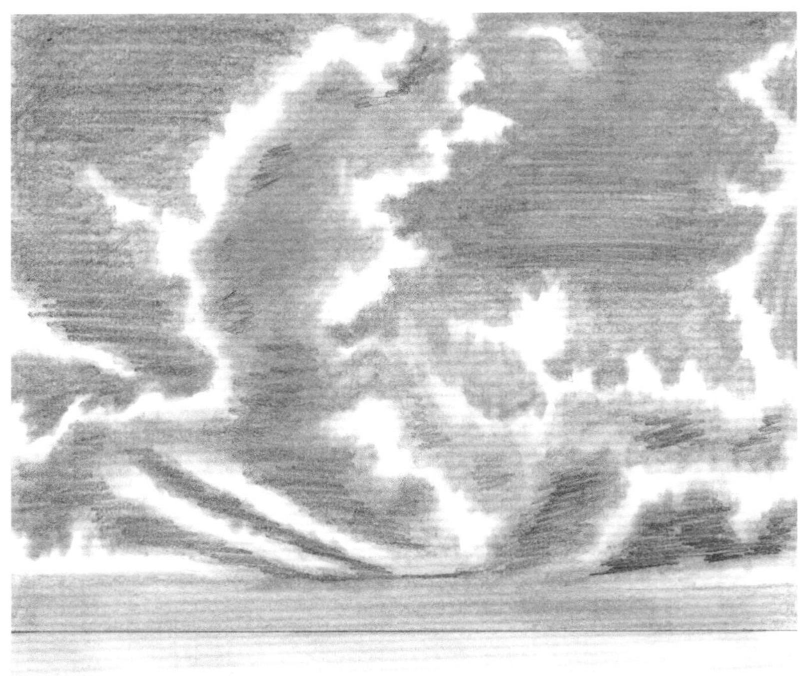

7 KONTRASTE EINBRINGEN

Schraffiere ein wenig in den Wolken und an der unteren Seite der Wolken. Dort soll es etwas dunkler werden. So kommt der Glanz an den Spitzen der Wolken noch besser zur Wirkung. Auch der Himmel ist mir noch etwas zu hell. Also schraffieren wir etwas darüber. Wenn du links und rechts oben die Ecken dunkler machst, richtet sich der Blick mehr in die Mitte. Ein toller Effekt, wenn du die Mitte betonen möchtest.

8 ARBEITE DUNKLE STRICHE EIN

Nun müssen wir das alles wieder zusammenbringen. Um die harten Striche verschwinden zu lassen, verwische sie ein wenig. Anschließend arbeitest du weitere dunkle Striche in das Grau ein.

Um die genaue Form der Wolken und um die Glanzbereiche brauchst du dir keine Sorgen zu machen. Denn nun lassen wir, wie angekündigt, die Magie wirken. Dazu möchte ich dir etwas Neues vorstellen: den Knetradiergummi. Er unterscheidet sich von den Radiergummis, die du aus der Schulzeit kennst. Diese harten Rechtecke würden das Graphit hier eher verschmieren. Wir wollen aber das Graphit vom Bild abnehmen und die hellen Bereiche richtig zum Leuchten bringen. Der Knetradiergummi lässt sich, wie der Name schon sagt, kneten. Er ist weich und schließt Graphit eher ein, als dass er das Graphit einfach nur auf dem Papier herumschiebt. Ein wirklich geniales kleines Teil (siehe Seite 50).

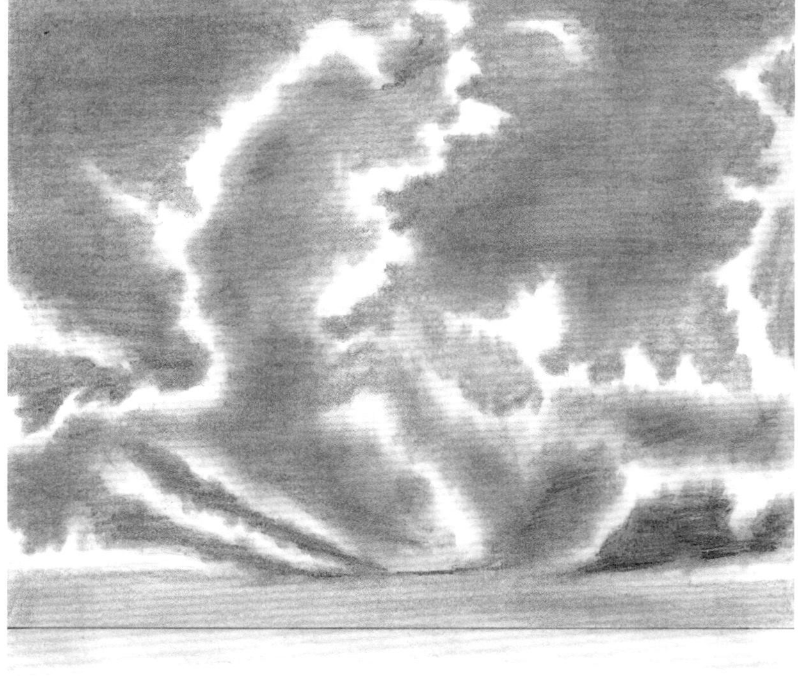

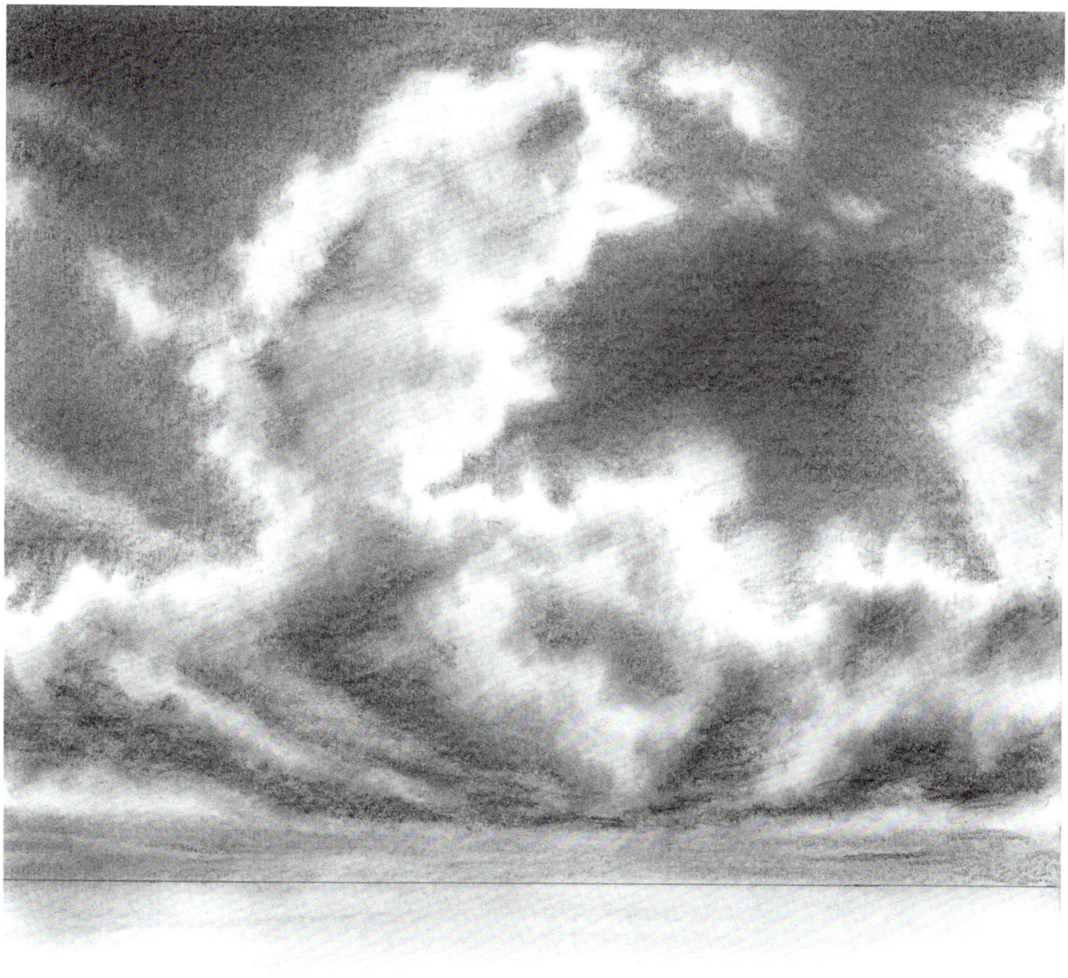

9 DU HAST ES SCHON FAST GESCHAFFT!

Gehe mit dem Knetradiergummi also die hellen Bereiche noch einmal ab. Gestalte dabei richtig schöne Formen, sodass die Außenseiten deiner Wolken toll aussehen. Wenn du über dunkle Bereiche gehst, kannst du sie mit diesem Radiergummi und wenig Druck super aufhellen. So können wir nachträglich an den Graustufen arbeiten und unser Werk noch aufregender gestalten.

Na, wenn das nichts ist? Oder was meinst du? Damit ist dein Bild fertig. Was dir noch nicht gefällt, kannst du jederzeit korrigieren. Nutze dein Material wirklich bis zum Äußersten aus! Ich bin mir sicher, deine Wolken werden damit zum absoluten Hingucker.

In dem Video möchte ich dir noch einmal genau zeigen, wie ich dieses Wunder-Tool verwende. Es kann eine klasse Arbeit für uns leisten.

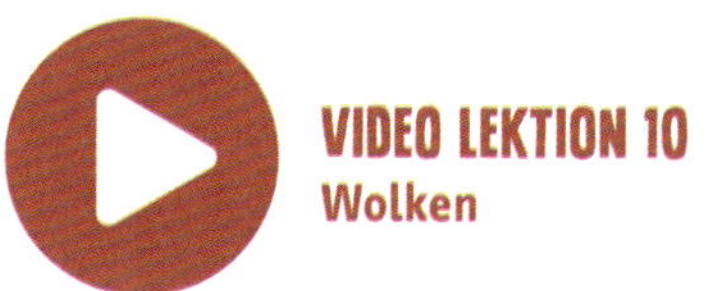

LEKTION 11: HAARSTRÄHNEN

DAS BRAUCHST DU:

HB Bleistift und Bleistifte in 6B und 8B
Verwischstift
Knetradiergummi
weißes Papier

Ich hoffe, es hat dir genauso großen Spaß gemacht wie mir, mit dem Knetradiergummi richtig schön kreativ zu sein. Lass uns damit gleich weiterüben. Ich möchte Haarsträhnen mit dir zeichnen. Genau hier zeigt sich wieder, wie genial der **Knetradiergummi** wirklich ist. Wir zeichnen jetzt Haarsträhnen.

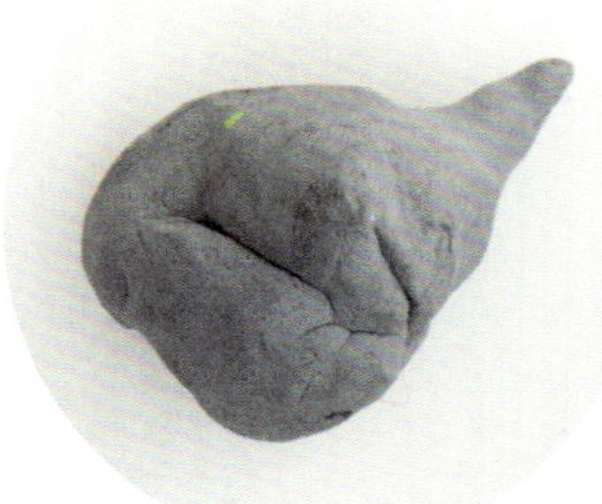

SO SIEHT ER AUS
Du kannst ihn kneten und in jede Form bringen. Ist das nicht genial?

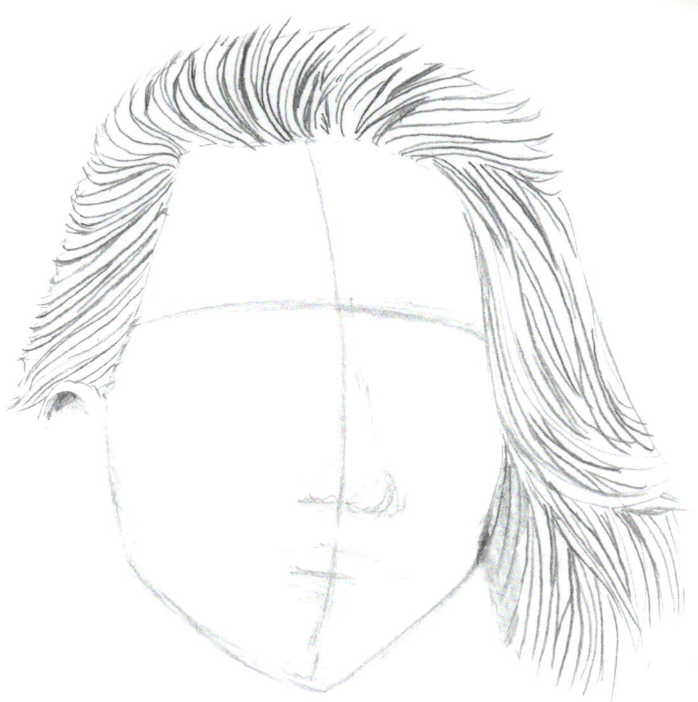

1 SKIZZIERE DEN VERLAUF

Haare zu zeichnen ist mit das Schwerste. Um den Verlauf der Haare zu skizzieren, verwendest du den HB Stift. Lass die Haarsträhnen in verschiedene Richtungen fallen.

»NIMM DIR ZEIT UND RUHE DAFÜR!«

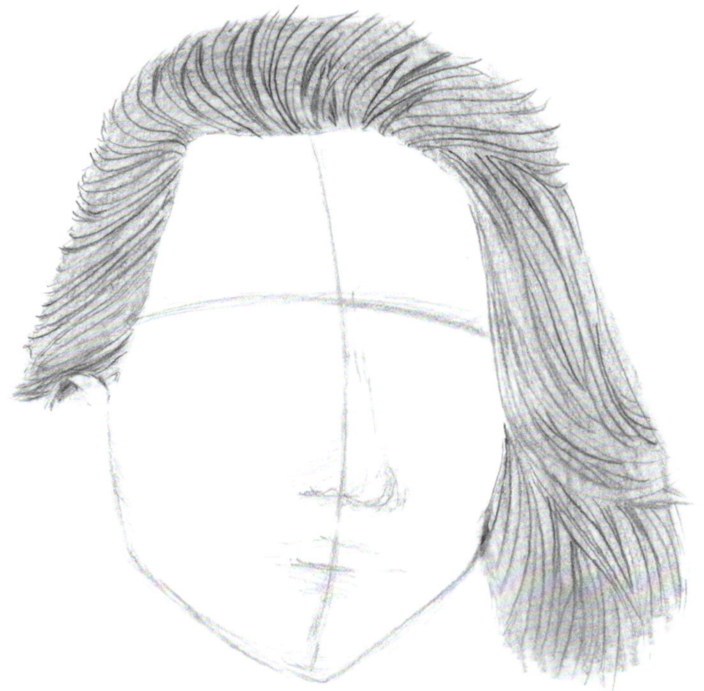

2 „GRAUE" DIE HAARSTRÄHNEN EIN

Damit unser Radiergummi etwas Graphit erhält, graust du die Strähnen ein. Dafür gehst du mit dem HB Stift und mit ein wenig mehr Druck als beim Skizzieren über die Haare. Schraffiere sie ganz in Ruhe!

»KEINER HETZT DICH!«

MEIN TIPP FÜR DICH Wir zeichnen nicht das ganze Gesicht. Das wäre etwas viel auf einmal. Ich habe es für dich aber anskizziert. Schau dir meine Zeichnung einmal genau an. Du wirst sehen, dass die Haare schön nach hinten verlaufen.
Und wenn die Haare weiter nach rechts gehen, fallen sie im Uhrzeigersinn nach rechts in einer Kurve.

Jetzt freue ich mich, denn nun können wir wieder radieren. Das macht so viel Spaß! Ich bin immer wieder verblüfft, wenn ich sehe, welchen Effekt man damit erzielen kann. Achte einmal darauf: Je dunkler die Striche oder Flächen ursprünglich sind, umso mehr leuchten diese Stellen nach dem Radieren hell auf.

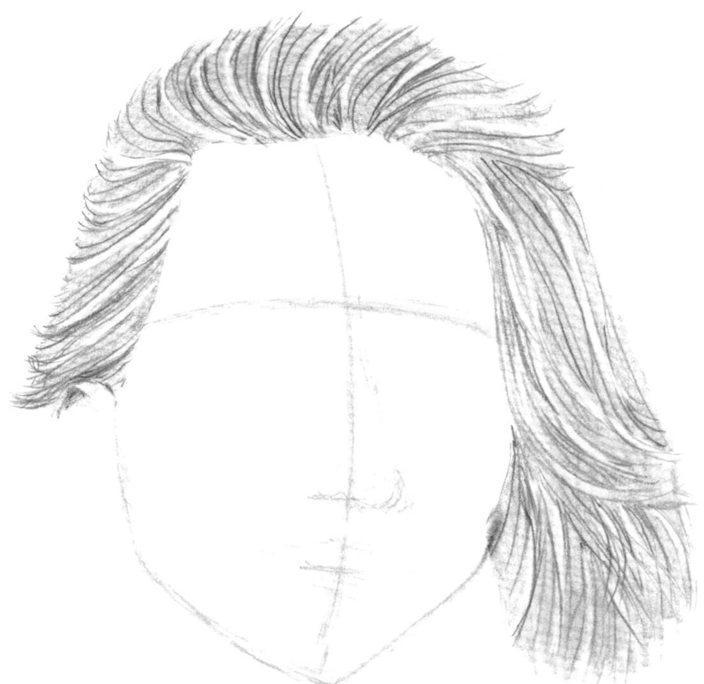

3 HELLE STRÄHNEN HERAUSHEBEN

Nimm deinen Radiergummi in die Hand und knete an einer Ecke eine kleine Spitze. Damit kannst du jetzt ganz dünne, helle Strähnen ziehen. Geh mit der Spitze über die hellsten Bereiche. Wenn du einen dunklen Strich siehst, radiere genau daneben eine helle Strähne. Der Effekt ist super und die hellen Strähnen leuchten, wenn du dein Bild mit etwas Abstand betrachtest.

»DU KANNST DAS SCHON!«

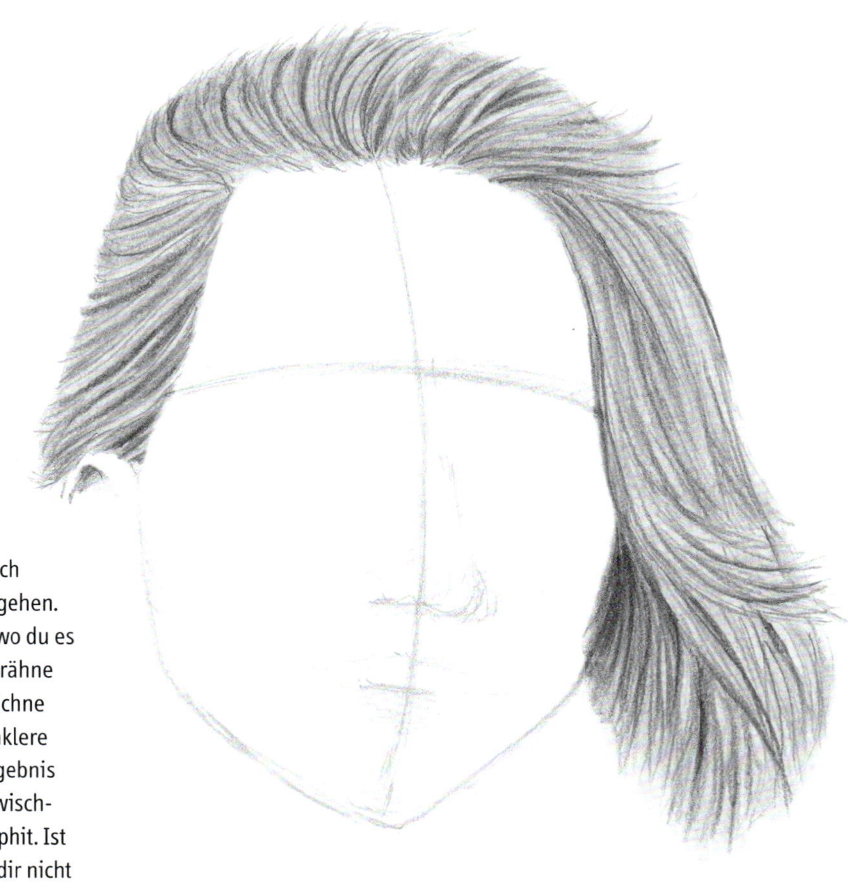

4 DU HAST ES SCHON FAST GESCHAFFT!

Am Ende kannst du vorsichtig noch einmal über die Form der Haare gehen. Gefällt es dir so und ist alles da, wo du es haben möchtest? Falls du eine Strähne noch mehr betonen möchtest, zeichne mit dem 6B Bleistift ein paar dunklere Striche ein. Wenn du mit dem Ergebnis zufrieden bist, nimm deinen Verwischstift und verwische sanft das Graphit. Ist eine Strähne an einer Stelle, die dir nicht gefällt, kannst du sie damit auch ganz einfach wieder entfernen. Einmal mit dem Verwischstift drüberstreichen und sie hat sich „eingegraut" und fügt sich ins Bild ein.

In dem Video zu dieser Lektion zeige ich dir, wie ich das gemacht habe. Du kannst das genauso. Davon bin ich überzeugt.

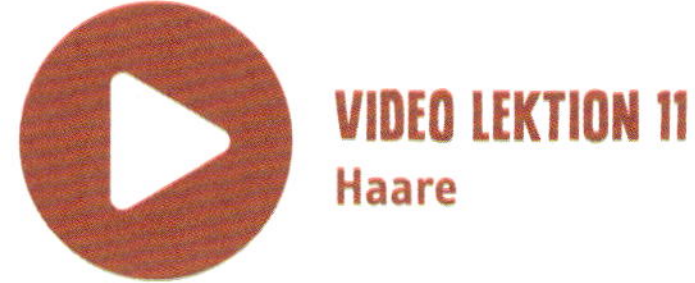

SO EINFACH KANN ES SEIN!

Das ist doch wirklich eine herrliche Technik. Nun bist du schon ein richtiger Profi mit deinem Material geworden. Du wirst immer besser und die Zeichnungen fallen dir leichter. Habe immer Freude an dem, was du gerade machst. Du baust dir dein Können Stück für Stück auf. Und das kann dir auch niemand wieder nehmen. Sei stolz drauf und genieße es. Du tust damit etwas für dich. Niemand zerrt an dir.

Die Probleme des Alltags sind für den Moment erst mal vergessen, wenn du in deiner Zeichenwelt bist.
Ich denke, es ist heutzutage wichtig, dass man sich etwas Zeit nur für sich nimmt. Das ist vielleicht sogar wichtiger als je zuvor. Die Tage sind hektisch und wir haben viel zu bewältigen. Da braucht jeder Mensch ab und zu mal eine Pause. Und ich hoffe, das Zeichnen gibt dir das und bereichert dein Leben.

LEKTION 12: GRAUSTUFENTRAINING

DAS BRAUCHST DU:

HB Bleistift und Bleistifte in 6B und 8B
Verwischstift
Lineal
weißes Papier

Die gezeichneten Bilder leben von perfekten Graustufen. Doch sie richtig zu treffen, ist so eine Sache für sich. Es ist wirklich nicht einfach und besonders als Zeichenanfänger ist dies oft eins der größten Probleme.

Vielleicht kennst du das. Du zeichnest gerade vor dich hin und denkst dir: „Das sieht gut aus." Du kommst zum Ende und schaust dir das Original an, vergleichst die beiden Bilder miteinander und stellst fest: „Oh, Mist. Mein gezeichnetes Bild ist mir zu dunkel oder zu hell geraten. Da muss ich wohl noch mal ran."

Keine Sorge. Das passiert vielen.

Was können wir da tun? Ich sag es dir. Im ersten Schritt möchte ich mit dir dein Gefühl für die Graustufen verbessern und dir in der nächsten Lektion, für dieses Problem, noch ein kleines Wunder-Tool vorstellen. Da bereits während des Zeichnens aber unser Gefühl gefragt ist, fangen wir jetzt also erst einmal mit dem Graustufentraining an.

Versuche wirklich einen schönen Verlauf hinzubekommen. Du kannst immer wieder über die Kästchen gehen und die Graustufen anpassen. Bis du zum Schluss einen spitzen Verlauf von Hell nach Dunkel vor dir hast.

1 GRAUSTUFEN IM KÄSTCHEN

Zuerst ziehst du mit einem Lineal zwei Striche parallel über dein Papier. Der Abstand dazwischen kann 5 cm betragen. Und dann beginnen wir damit, von links nach rechts kleine graue Kästchen zu zeichnen. Links mit dem HB Stift das hellste. Daneben zeichnest du mit dem HB Stift und mehr Druck ein weiteres, etwas dunkleres Kästchen. Jetzt nimmst du den 6B Stift und zeichnest damit ein weiteres, noch dunkleres Kästchen. Und weiter geht's mit dem nächsten noch dunkleren Kästchen, bis du am Ende ganz rechts mit einem tiefschwarzen Kästchen mit dem 8B Bleistift aufhörst.

Nun fragst du dich, was wir mit der zweiten leeren Reihe machen? Hier kommt die Antwort: Ganz einfach, wir zeichnen die gleichen Kästchen wie in der ersten Reihe. Versuche dabei genau die gleiche Graustufe in die leere Zeile zu zeichnen, wie du sie oben gezeichnet hast.

2 GRAUSTUFEN WIEDERHOLEN

Du hast in der ersten Reihe mit dem HB Stift angefangen. Dann fängst du auch in der unteren Reihe mit dem HB Stift an. Dabei schaust du dir das Kästchen oben an und zeichnest dann im selben, hellen Grau das Kästchen an denselben Platz in der unteren Reihe. Das machst du mit jedem Kästchen. Du schaust es dir oben an und zeichnest es dann unten in der gleichen Graustufe noch einmal ein.

»ÜBEN BRINGT ROUTINE!«

Das Tolle an diesem Training: Es geht schnell, hat aber eine große Wirkung auf dein Gefühl für die Graustufen. Du versuchst genau das wiederzugeben, was du siehst. Das kann man nicht einfach, sondern das muss man üben. Das heißt aber auch, da man es üben kann, kann es jeder schaffen!
Dabei kannst du natürlich auch mehr als nur fünf Kästchen machen. Je mehr unterschiedliche Kästchen es werden, umso feiner wird dein Gefühl! Und umso größer ist der Trainingseffekt.

MEIN TIPP FÜR DICH Wenn du Lust hast, kannst du noch eine zusätzliche Übung machen, sozusagen das Experten-Level. Dafür zeichnest du die Kästchen in der ersten Reihe und deckst sie dann mit einem Blatt Papier ab. Jetzt zeichnest du sie noch einmal darunter und versuchst dabei die Graustufen so gut wie möglich zu treffen. Ganz schön knifflig, jedoch eine super Übung! Sie ist aber kein Muss! Mach sie nur, wenn du es dir zutraust. Denn ich möchte nicht, dass sie dich frustriert.

Nachdem wir uns an den Kästchen ausgetobt haben, setzen wir das erlernte Können für einen weiteren Schritt ein. Wir zeichnen nun einen Verlauf, der ineinander übergeht. Es wird schwerer, aber du schaffst das!

3 GRAUSTUFENVERLAUF

Beginne wieder ganz links mit dem HB Stift. Ganz rechts mit dem 8B Stift. Und ziehe die Striche in die Mitte. In der Mitte kannst du mit dem 6B Stift durch Schraffieren alles miteinander verbinden. Nach links übst du weniger Druck aus, nach rechts mehr Druck. Es soll ein nahtloser Übergang werden.

»KEINE SORGE, DAS KANNST DU SCHON!«

MEIN TIPP FÜR DICH Du kannst dir auch die Kästchen aufzeichnen und dann einfach nur den Zwischenraum füllen. Du hast weniger Platz, aber dafür hast du schon die unterschiedlichen Graustufen auf dem Papier. Probiere es am besten mal aus. Dann weißt du, was für dich am besten funktioniert.

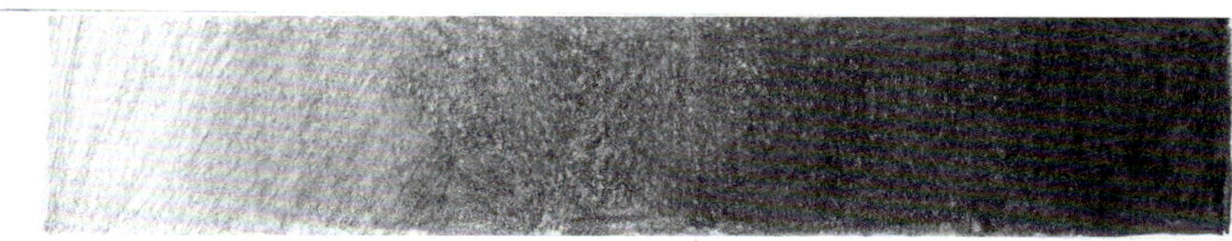

4 GRAUSTUFENVERLAUF WIEDERHOLEN

Wir wiederholen das Gleiche in der unteren Reihe. Du fängst also erneut hell an und steigerst dich allmählich. Wenn du mit der dunklen Seite beginnst, dann ist es schwerer, den Platz gut einzuhalten. Falls du zu spät heller wirst, kann es passieren, dass du keinen Platz mehr auf dem Blatt hast. Also am besten immer mit dem HB Stift starten!

Du kennst inzwischen das Experten-Level. Du kannst auch hier wieder ein Blatt Papier über den oben gezeichneten Verlauf legen und dann darunter den gleichen Verlauf noch einmal zeichnen. Das ist allerdings noch schwerer, da man hier auch die Übergänge bedenken muss. Wenn du aber Lust hast, das zu testen, und die eigenen Fähigkeiten damit ein bisschen herausfordern möchtest, dann leg los!

OH, ICH WEISS NOCH. Eines meiner ersten Bilder war ein Porträt. Ich war sehr stolz darauf. Eines Tages fiel mir jedoch auf, dass es im Vergleich zum Original sehr viel heller aussah. Das Problem: ich hatte für das komplette Bild nur den HB Stift benutzt. Also nur einen Härtegrad und damit weniger Graustufen. Außerdem hatte ich noch kein ausgeprägtes Gefühl für die Graustufen. So wirkte das Bild hell und recht leblos, weil der Kontrast fehlte. Ich hätte mir gewünscht, dass mir vorher jemand erzählt hätte, dass es auch einen 6B oder 8B Stift gibt. Mmh ... und vielleicht hätte ich die Graustufen ein wenig üben sollen, anstatt einfach blind drauflos zu zeichnen und am Ende etwas frustriert zu sein.
Du kannst aus meinen Fehlern lernen. Mach es besser als ich und nutze, was ich dir mit auf den Weg geben möchte.

Der nächste Schritt ist nicht ganz so schwer. Denn wir zeichnen wieder einen Verlauf. Nur dieses Mal verwischen wir das Ganze. Es soll also wirklich soft aussehen. Es ist zwar nicht viel schwerer als Schritt 4, aber genau diesen Verlauf brauchen wir später.

5 GRAUSTUFEN VERWISCHEN
Du kennst es ja bereits. Von links anfangen und einen herrlichen Verlauf nach rechts zeichnen. Mittlerweile bist du darin sicher schon ein Profi und ich muss dir da gar nicht mehr viel erklären.

Genau, so sieht es aus. Schön soft und du kannst dabei versuchen, das helle Grau ins Weiß zu verwischen. Ist es nicht erstaunlich, welchen Unterschied schon ein Grauverlauf auf einem Blatt macht, im Vergleich zu einem leeren Blatt?

»WERDE ZUM GRAUSTUFENEXPERTEN!«

6 VERWISCHTE GRAUSTUFEN WIEDERHOLEN

Auch hier kannst du es wieder mit den beiden Methoden vertiefen. Einmal nachzeichnen in der Reihe darunter und einmal abdecken.

Ich bin schon gespannt, wie sich dein Gefühl verändern wird. Am Anfang wirst du es womöglich noch nicht so richtig spüren. Es läuft erst mal im Unterbewusstsein ab. Du lernst etwas Neues und dein Verstand muss das erst einmal richtig verarbeiten. Mit der Zeit merkst du dann aber: Hey, das hat ja nun auf Anhieb geklappt. An diesem Punkt wirst du dich sicher riesig freuen und über dein Können völlig aus dem Häuschen sein. Und das gönne ich dir auch. Du hast es nach diesem Training auch verdient.

»FÜHLE DIE GRAUSTUFEN!«

Im Video zeige ich dir noch einmal ganz genau, wie ich den soften Übergang von hell nach dunkel zeichne. Du kannst da meiner Hand folgen und ich hoffe, es hilft dir dabei, das Ganze noch besser nachzuvollziehen.

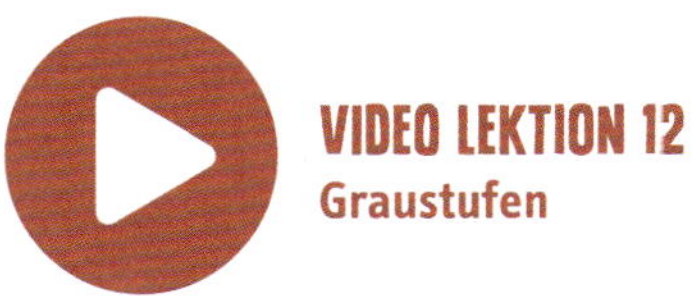

LEKTION 13:
GRAUSTUFENKONTROLLE

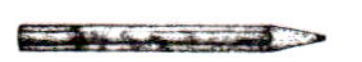

DAS BRAUCHST DU:

Karton
Schere
Kleber
Streifen mit Graustufenverlauf

Die Graustufen hast du trainiert. Doch es kann nicht schaden, sie zu kontrollieren. Im Gegenteil! Es kann dir Sicherheit geben, wenn du die richtige Graustufe gleich getroffen hast.
Aber wie kann man die Graustufen kontrollieren? Dafür habe ich ein Wunder-Tool entwickelt. Ich nenne es die Graustufenkontrolle.
Was du dazu brauchst, hast du sicherlich zu Hause: Ein Stück Karton, eine Schere und ein wenig Kleber. Dazu deinen Streifen mit einem Graustufenverlauf. Ich erzählte dir ja in Lektion 12, dass du den Grauverlauf noch einmal brauchst. Genau jetzt setzen wir ihn ein.

1 KARTON ZUSCHNEIDEN

Schneide 2 cm breite Streifen aus Karton zu. Prima geht das mit einem Schneidemesser. Mein Wunder-Tool zur Graustufenkontrolle besteht aus unterschiedlich langen Kartonstreifen.

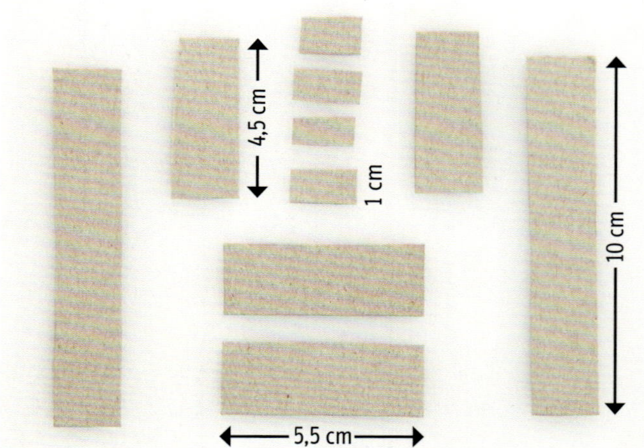

2 BAUANLEITUNG

Nun werden die Streifen angeordnet. Keine Sorge, es sieht schwieriger aus, als es ist. Lege die zwei langen Streifen (10 cm) parallel nebeneinander. Oben kannst du bereits einen mittellangen Streifen (5,5 cm) quer aufkleben und zwei kleine Streifen (1 cm) jeweils am unteren Ende. Dann nimmst du deinen Streifen mit dem Graustufenverlauf und legst damit die Höhe für die beiden anderen kleinen Streifen fest. Klebe sie auch fest.

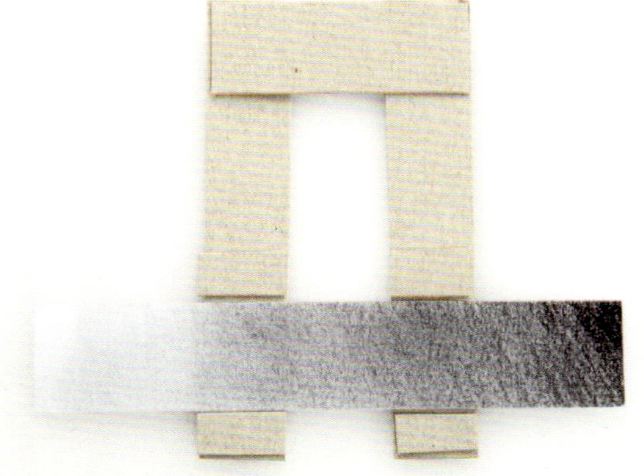

3 MEIN WUNDER-TOOL

Zuletzt klebst du die beiden 4,5 cm langen Streifen links und rechts fest und unten bildet der letzte Streifen (5,5 cm) den Abschluss. Schon fertig und so sieht es aus.

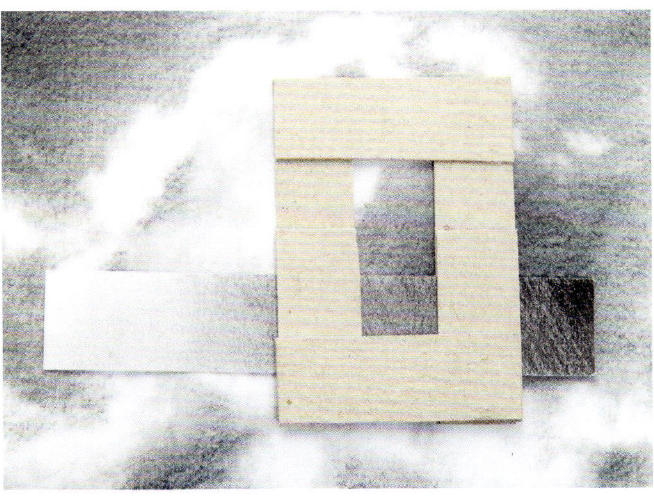

4 ANWENDUNG

Was machen wir nun damit? Wir können es an jeden beliebigen Punkt auf einem Originalbild legen. Dort gucken wir durch das kleine Fenster und schieben dann den Graustufenverlauf so lange hin und her, bis die Graustufe auf unserem Verlauf der Gleiche ist wie in dem kleinen Fenster. Ohne den Verlauf zu verschieben, halten wir nun das Ganze auf den gleichen Punkt in unserem gezeichneten Bild. Schauen wir durch das Fenster, müsste die Stelle also das gleiche Grau haben wie auf unserem Verlauf. Ist es heller oder dunkler, musst du noch mal ran und es korrigieren.

Damit kannst du nun auf Nummer sicher gehen, dass du die Graustufen einhältst und genau das zeichnest, was du siehst. Wenn das nicht eine super Hilfe ist? Damit wird es keine Frustration mehr geben, weil dein Bild zu hell oder zu dunkel aussieht.

»KONTROLLE KANN NICHT SCHADEN!«

Im Video möchte ich dir noch einmal genau zeigen, wie man die Graustufenkontrolle zusammenbaut und benutzt. In deiner Digitalen Bibliothek kannst du es dir auch jeder Zeit und immer wieder angucken.

LEKTION 14: GITTERSYSTEM

DAS BRAUCHST DU:

weißes Papier

Kopierfolie

CD-Marker oder einen nicht wasserlöslichen Stift

Nähnadel oder einen sehr spitzen Bleistift

Proportionen, Proportionen, Proportionen. Das wohl wichtigste Thema beim Zeichnen. Stimmen die Proportionen nicht, ist das ganze Bild dahin. Steht die Nase schief oder sind die Augen verdreht, kann man das Bild komplett neu zeichnen. Das ist frustrierend, daher möchte ich dir dafür eine tolle Lösung vorstellen: Es ist ein Gittersystem!

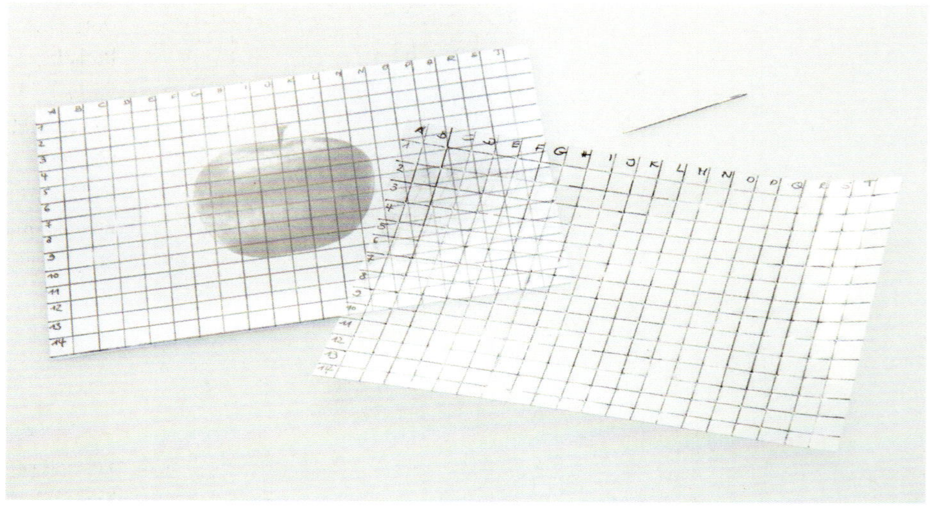

1 DIE BAUANLEITUNG

Die Grundlage ist eine Kopierfolie. Die findest du im gut sortierten Schreibwarenhandel für wenig Geld. Wir zeichnen darauf ein Gitter, und zwar mit einem Stift, der nicht verwischt. Ein CD- Marker eignet sich dafür sehr gut.
Damit ziehen wir dann Linien mit dem Abstand von 2 cm, 1 cm oder 0,5 cm. Das hängt davon ab, wie viele Anhaltspunkte du brauchst. Das Ganze sieht dann wie folgt aus. Um später besser damit arbeiten zu können, beschrifte die Linien wie beim Schiffe versenken mit Zahlen und Buchstaben.
Du hast also nun zum Beispiel die Kopierfolie mit 1 cm × 1 cm Kästchen eingeteilt. Wenn du die Folie auf das Originalbild legst, kannst du das Bild sehen. Dann bearbeitest du eine weitere Kopierfolie und zeichnest ebenfalls ein Gittersystem darauf und beschriftest die Linien.

An dieser Kopierfolie, die du später auf dein Blatt legst, auf dem du zeichnest, werden wir aber noch etwas vornehmen. Mit einer Nähnadel oder einem sehr spitzen Bleistift stichst du durch jeden Punkt, an dem sich zwei Linien treffen. So hat jede Schnittstelle ein Loch.

»PUNKT FÜR PUNKT ZUR RICHTIGEN PROPORTION.«

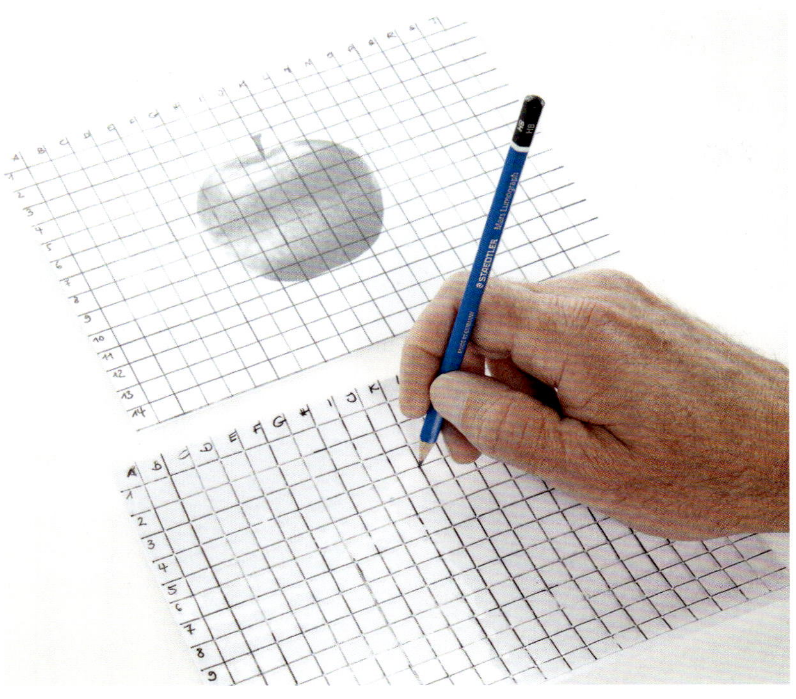

2 EIN MOTIV ÜBERTRAGEN

Die Kopierfolie mit dem Gitter und den Löchern legst du nun auf dein Zeichenpapier. Jetzt fängst du an, die Punkte zu übertragen, die du für den Umriss brauchst. Dabei helfen dir die Buchstaben und Zahlen auf den Folien. Dort machst du einen Punkt mit deinem Bleistift, indem du mit der Spitze des Stifts durch das Loch stichst. So überträgst du alle Punkte, die für dich bzw. deinen Umriss wichtig sind. Je besser du wirst, desto größer können die Kästchen werden und desto weniger Punkte wirst du brauchen.

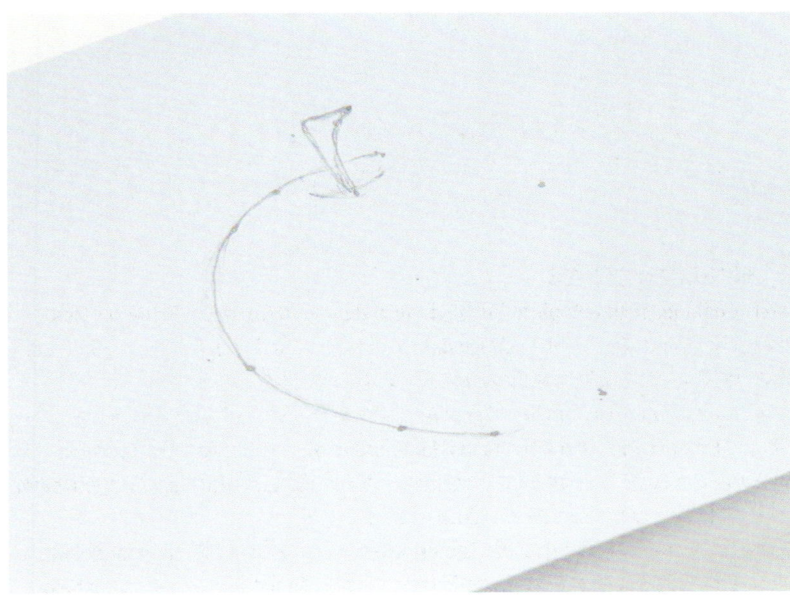

3 DIE PUNKTE VERBINDEN

Wenn du alle Punkte übertragen hast, folgt das Verbinden dieser Punkte. Das erinnert ein wenig an „Von-Zahl-zu-Zahl-Bilder" aus der Kindheit. So kannst du aber sicher sein, dass deine Proportionen stimmen und es genauso aussieht wie das Original. Würdest du mit dem Bleistift so ein Gitter direkt aufs Papier zeichnen, müsstest du es später wieder wegradieren und das kann zu großen Problemen führen. Mit dieser Methode bleibt alles sauber und du kannst mit dem „Eingrauen" starten.

»NUTZE JEDES HILFSMITTEL, DAS SICH DIR BIETET.«

Um es dir einmal genau zu zeigen, schau dir das Video zu dieser Lektion in deiner Digitalen Bibliothek an. Da ist die Technik heutzutage doch wirklich hilfreich. Die Webseite: **www.topp-kreativ.de/digibib**

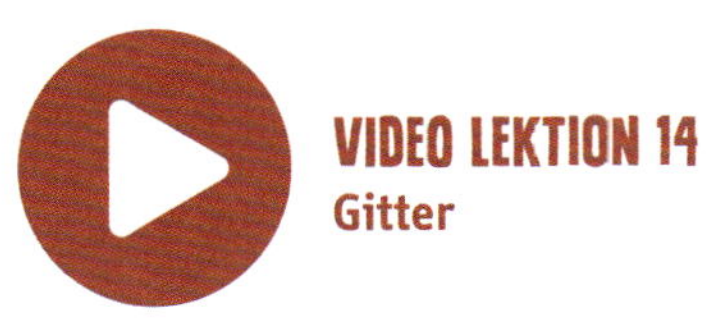

VIDEO LEKTION 14
Gitter

LEKTION 15: TORSO

DAS BRAUCHST DU:

HB Bleistift und Bleistifte in 6B und 8B
Verwischstift
Knetradiergummi
weicher Pinsel
weißes Papier

VORLAGE:

Seite 117

Ich möchte mit dir nun einen Torso zeichnen. Dabei können wir gleich unsere Wunder-Tools wieder einsetzen, nämlich die Graustufenkontrolle und das Gittersystem. Entweder du traust dir es schon alleine zu, die Proportionen zu übertragen oder du kannst einfach das Gittersystem nutzen. Du wirst sehen, du bekommst die Proportionen richtig toll hin.
Wenn du die Proportionen auf das Blatt gebracht hast, dann kannst du dir den Umriss und die Merkmale für Licht und Schatten überlegen. Es ist wichtig, dass man sich dafür die Bereiche immer gut einteilt. Nichts ist schlimmer, als den Überblick zu verlieren, und am Ende sieht es dann total verdreht aus.
So sieht die fertige Zeichnung aus, die du mithilfe des Gittersystems übertragen kannst.

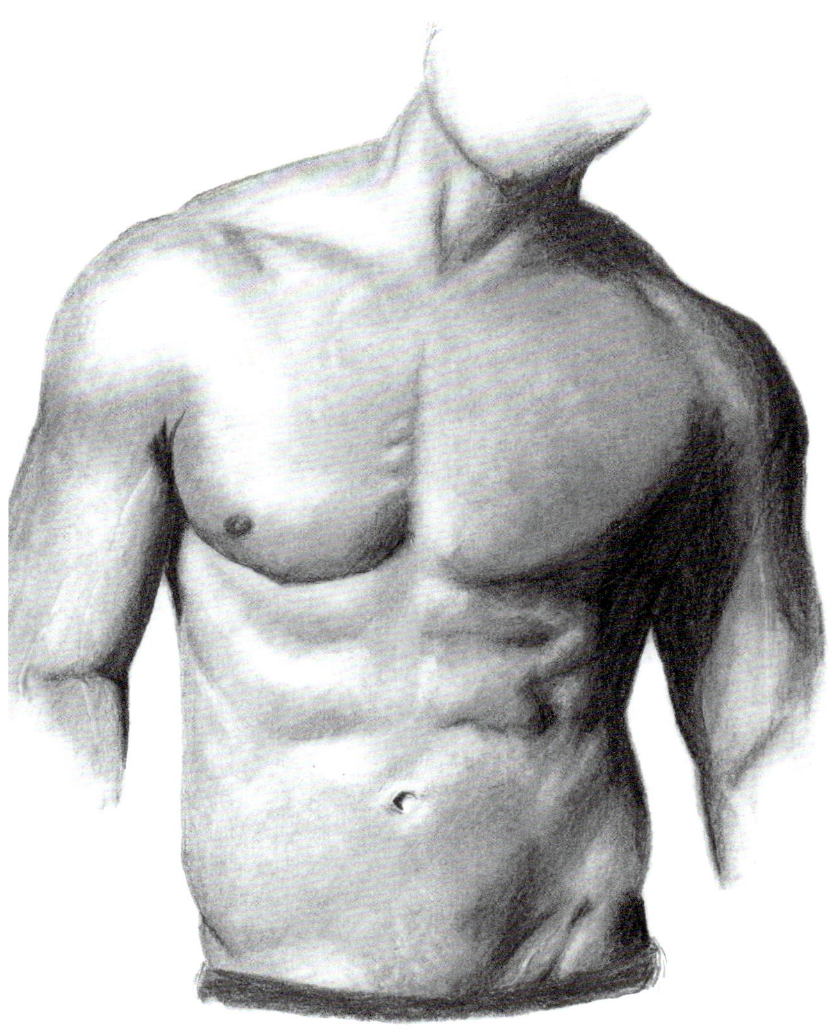

1 UMRISS UND PROPORTIONEN ÜBERTRAGEN

Du siehst, ich habe zum Beispiel Bereiche für die Bauchmuskeln markiert. Es ist gut zu wissen, wo Erhöhungen sind und wo es Tiefen gibt. Was wird weiß, was wird schwarz und wie sehen die Graustufen dazwischen aus?

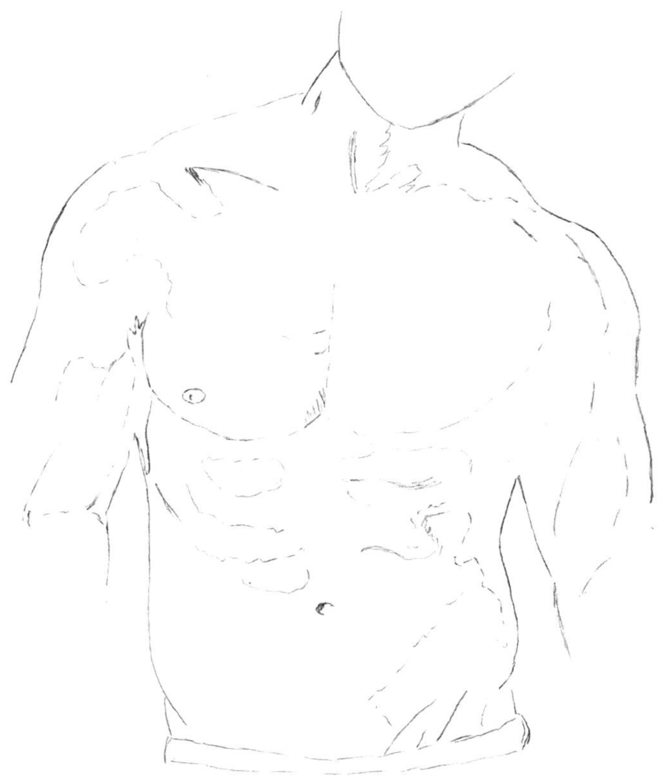

Du bist nun so weit, dass du diesen Schritt sicher richtig gut meistern wirst. Damit kannst du sehr zufrieden sein.

»GLAUBE AN DICH SELBST!«

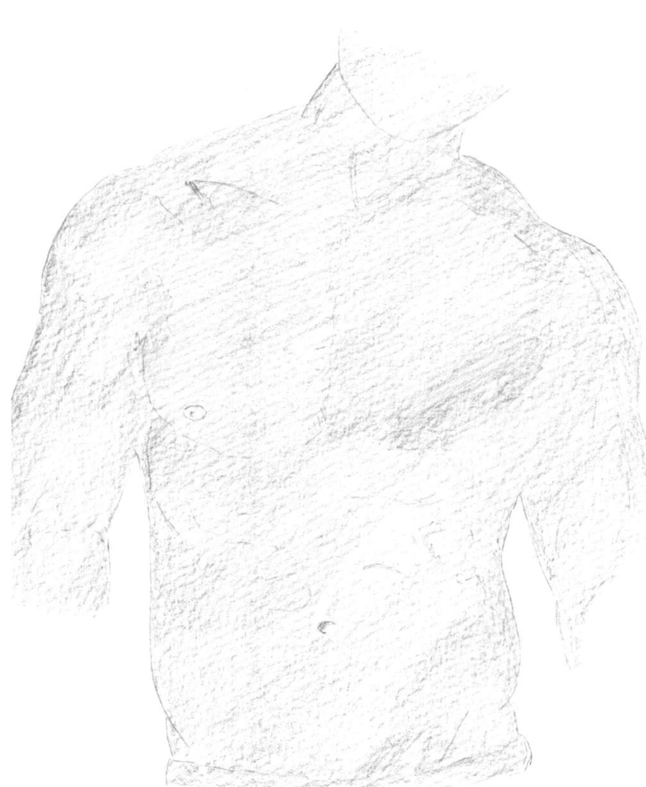

Wir werden nun wieder Graphit auf das Bild bringen, also eine Grundlage zum Verwischen schaffen. Es ist immer erstaunlich, was für ein großer Unterschied es ist, wenn wir zuerst das Bild in Weiß sehen, nur mit ein paar Strichen darauf und dann Grau auftragen und die Fläche füllen. Es ist, als ob unser Motiv hervortritt und sich vom Weiß des Hintergrunds abhebt. Fast sieht es so aus, als würde es zum Leben erwachen. Und das hast du erschaffen, aus deiner eigenen Kraft. Glückwunsch!

2 FÜLLE DIE FLÄCHE

Mit Schraffuren kannst du rasch die Fläche füllen. Das sieht gut aus.

3 VERWISCHE DAS GRAPHIT

Mit dem Verwischstift glättest du nun die Haut. Gut gemacht! Wichtig ist, dass du die markanten Stellen, die du im ersten Schritt markiert hast, noch erkennst. Dann kannst du im nächsten Schritt problemlos den Schatten anbringen.

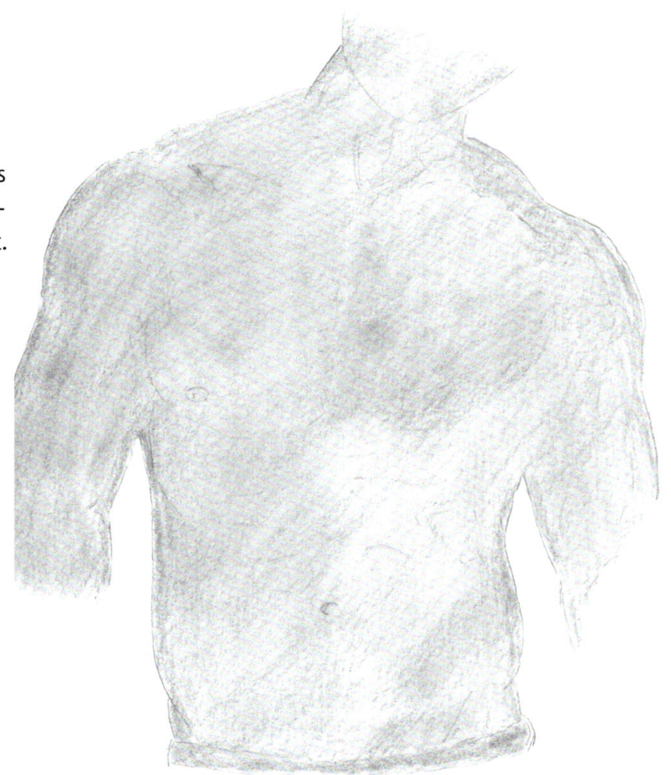

Die Haut sollte nicht hart aussehen, sondern richtig weich wirken. Sobald hier viele kleine Striche zu sehen sind, wirkt die Fläche unsauber und es entsteht kein Eindruck von Haut. Wenn du fotorealistisch zeichnen möchtest, kommst du also nicht um den Schritt des Verwischens bei der Haut herum. Ein Grund mehr, weshalb dieser kleine Verwischstift so groß ist! Wir können mit unserem Material zaubern, dazu müssen wir es nur nutzen.

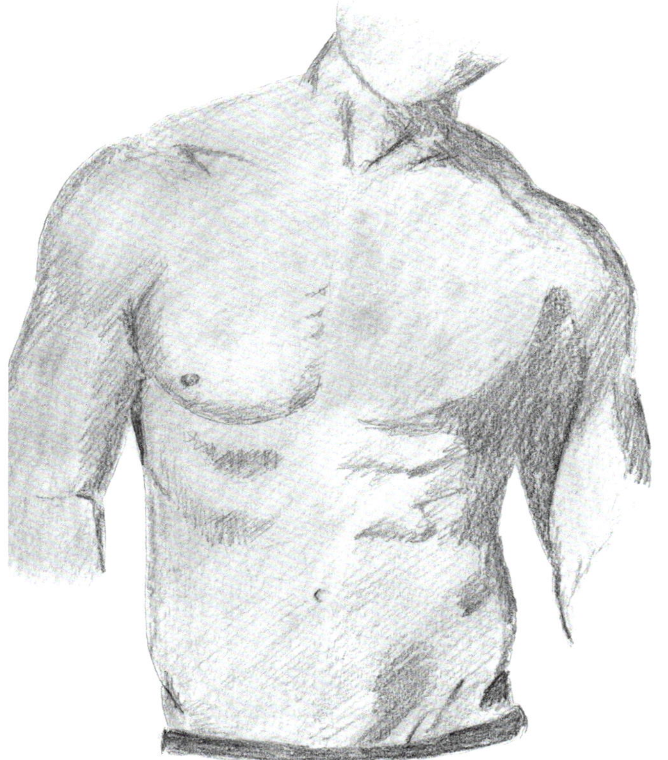

4 LEGE DEN SCHATTEN AN

Schnapp dir dafür deinen 6B Stift und übertrage den Schatten. Du kannst gern ein wenig über deine Markierungen zeichnen. Wenn tiefes Schwarz in die Mitte der Schatten kommt und wir dann verwischen, so entsteht ein toller Übergang von heller Haut zu dunklem Schatten.

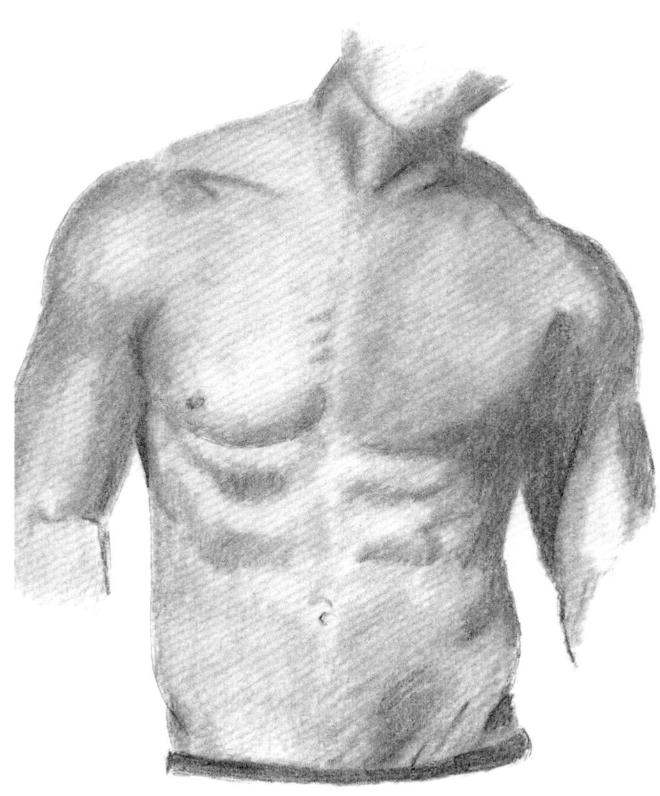

5 BAUE DIE HAUT SCHICHTWEISE AUF

Erneut geht es ans Verwischen. So baust du Schicht für Schicht die Haut mit Licht und Schatten auf. Wenn manches ein wenig grob aussieht, ist es nicht schlimm. Wir sind mitten im Zeichnen und es wird noch einiges passieren.

»WORK IN PROGRESS!«

Stelle dir den Körper bildlich vor. Wo hat er seine Rundungen, die mehr im Licht glänzen als die Bereiche, die eher im Schatten liegen?

6 RADIERE HELLE BEREICHE

Die Haut sieht noch etwas platt aus, also brauchen wir neben Schatten auch helle Bereiche, die näher am Licht sind und das Licht toll reflektieren. Hier kommt wieder unser Knetradiergummi zum Einsatz. Du kannst ein wenig mit den Knetradiergummi tupfen und das Graphit so gut vom Blatt abnehmen. Wenn die Ränder der weißen, getupften Stellen noch etwas hart aussehen, so ist das nicht schlimm.

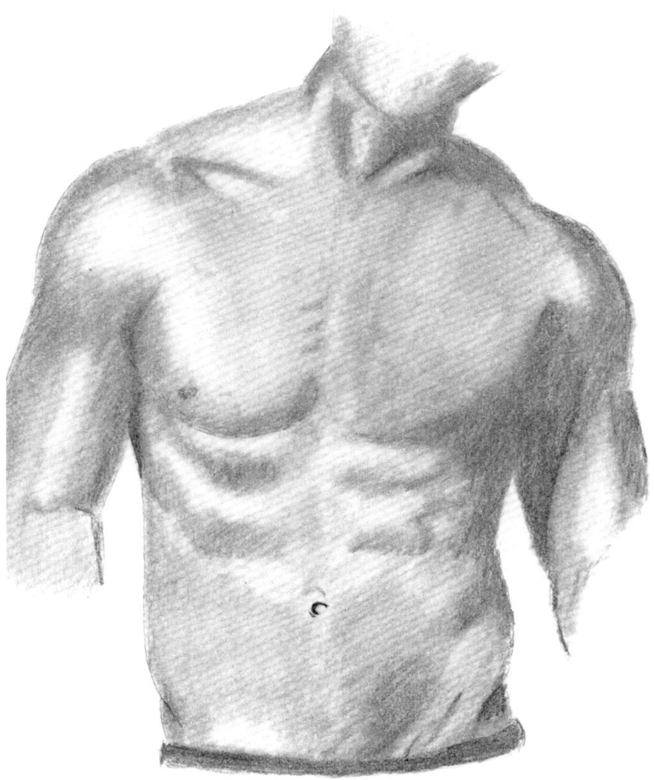

Um richtig weiche Übergänge von Weiß zu Hellgrau zu schaffen – wie hier bei der Haut –, verwenden wir einen Pinsel. Wichtig: Er sollte keine harten Borsten haben, die womöglich das Papier zerkratzen könnten. Es gibt da wirklich tolle weiche Pinsel. Am Anfang ist richtig viel Graphit in den Borsten. Aber keine Sorge, das nimmt der Pinsel mit der Zeit auf.

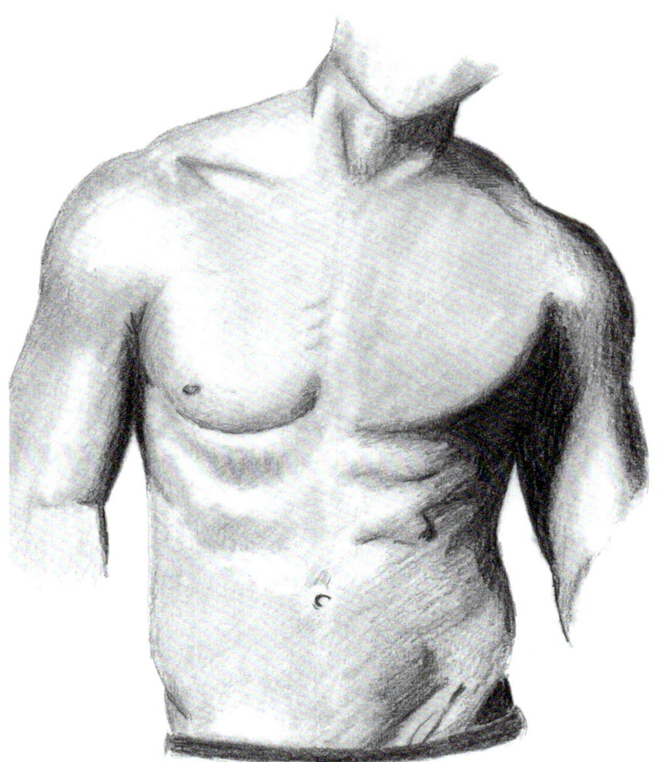

7 SCHAFFE WEICHE ÜBERGÄNGE
Mit ein wenig Gefühl und dem richtigen Pinsel kannst du wunderbare Übergänge schaffen. Zu den weichen Übergängen brauchen wir nun noch mehr Kontrast.
Der Schatten muss also dunkler werden.
Der 8B Stift eignet sich dafür prima.

»WEICH IST ALLES!«

MEIN TIPP FÜR DICH Vergleiche deine Zeichnung mit dem Originalbild und kontrolliere die Graustufen. Möglicherweise kannst du das eine oder andere noch verfeinern. Aber dann ist deine Zeichnung endgültig fertig!

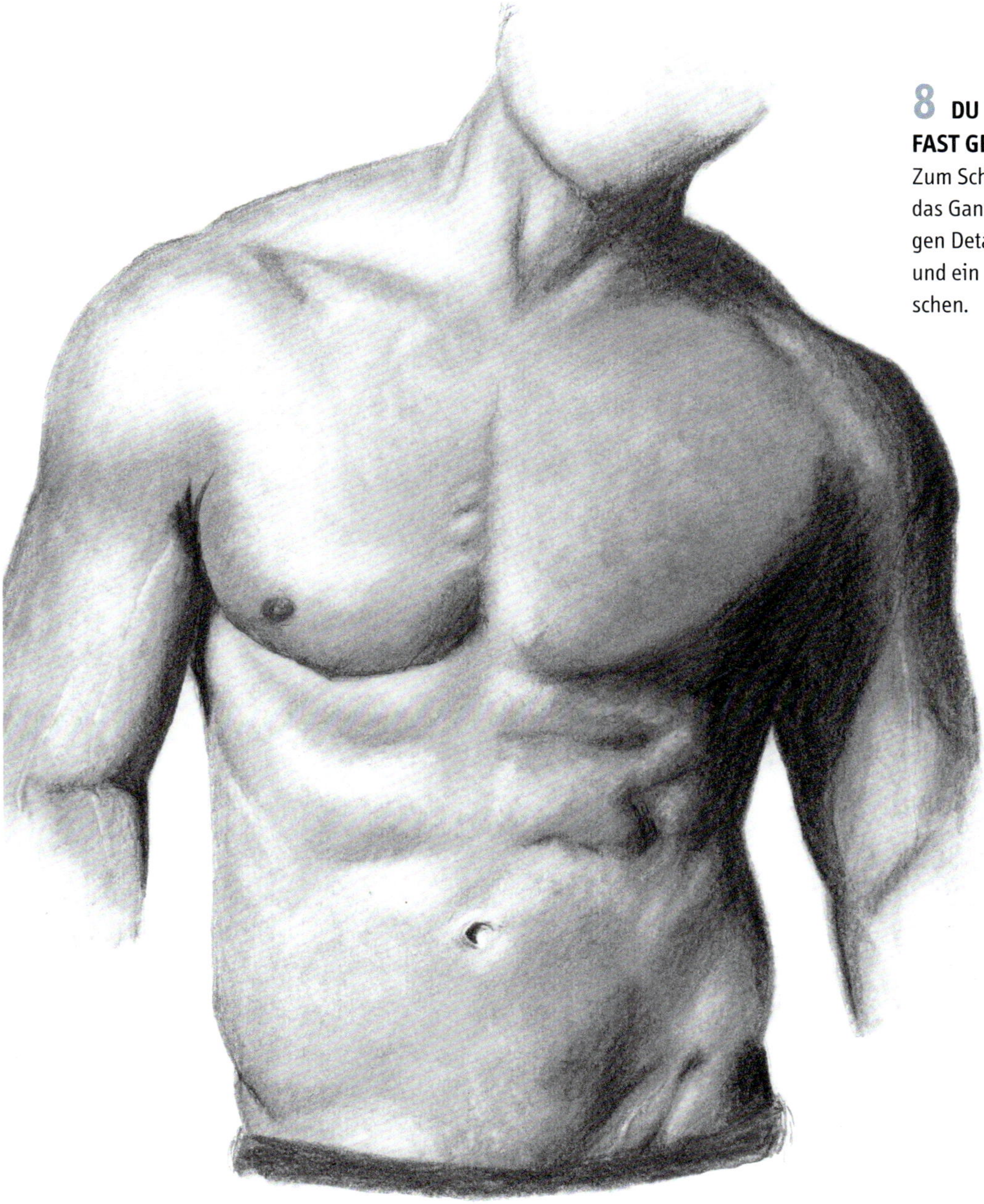

8 DU HAST ES FAST GESCHAFFT!

Zum Schluss kannst du das Ganze noch in einigen Details korrigieren und ein wenig verwischen.

Das war eine sehr ästhetische Übung. Du bist inzwischen so gut geworden, dass auch große Motive für dich keine Hürden mehr darstellen. Klasse!

Hier zeige ich dir noch mal, wie man die sanften Übergänge erzeugt. Bis gleich im Video also!

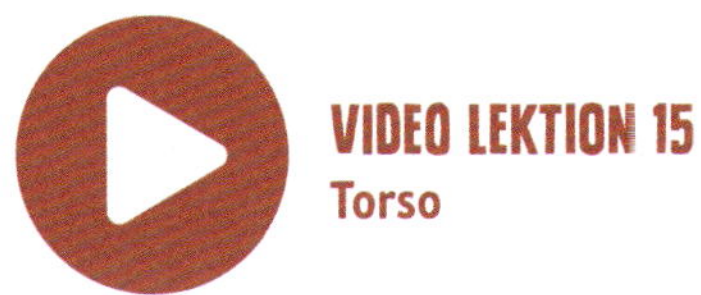

LEKTION 16: LÖFFEL

DAS BRAUCHST DU:

HB Bleistift und
Bleistifte in 6B und 8B

Verwischstift

Knetradiergummi

weißes Papier

VORLAGE:

Seite 118

Jetzt möchte ich mit dir einen Löffel aus Metall zeichnen. Metall, das ist eine der schwersten Oberflächen beim Zeichnen. Aber gemeinsam schaffen wir das prima.

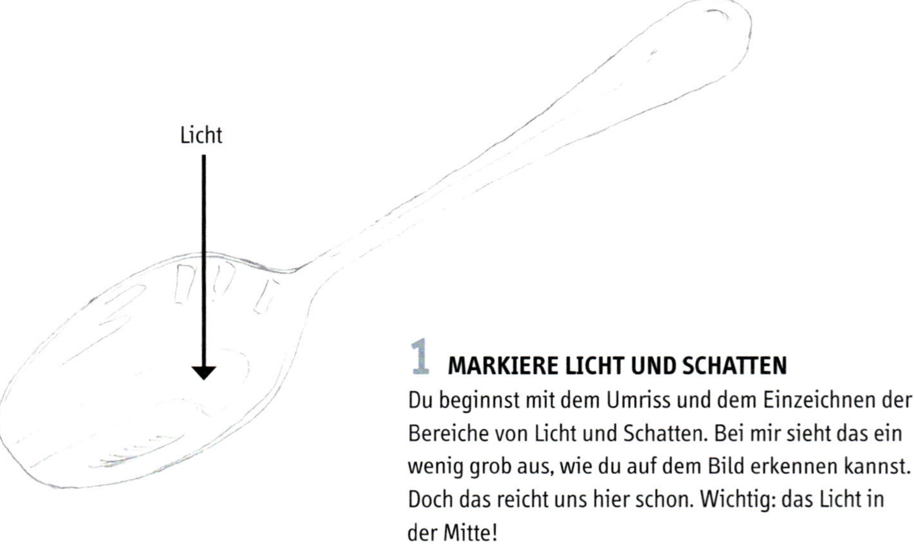

1 MARKIERE LICHT UND SCHATTEN

Du beginnst mit dem Umriss und dem Einzeichnen der Bereiche von Licht und Schatten. Bei mir sieht das ein wenig grob aus, wie du auf dem Bild erkennen kannst. Doch das reicht uns hier schon. Wichtig: das Licht in der Mitte!

2 LEGE DEN GLANZPUNKT AN

Nun „graust" du die Fläche mit deinem HB Stift schön ein. Dabei lässt du in der Mitte den Glanzpunkt frei. Du siehst, schon durch das wenige Grau beginnt das Weiß richtig zu leuchten. Wichtig: Achte darauf, einen weißen Rand bei der Fläche das Löffels frei zu lassen.

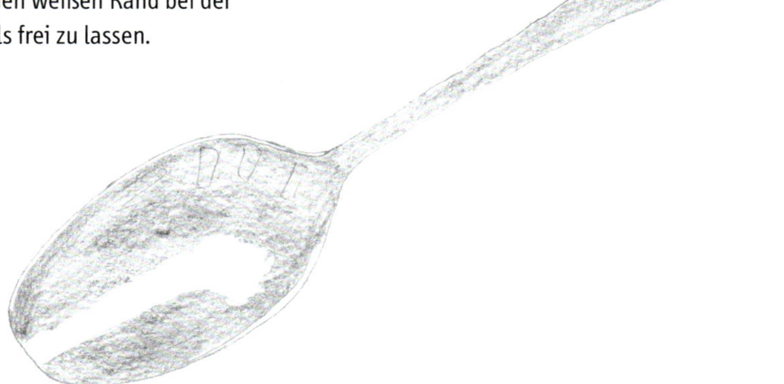

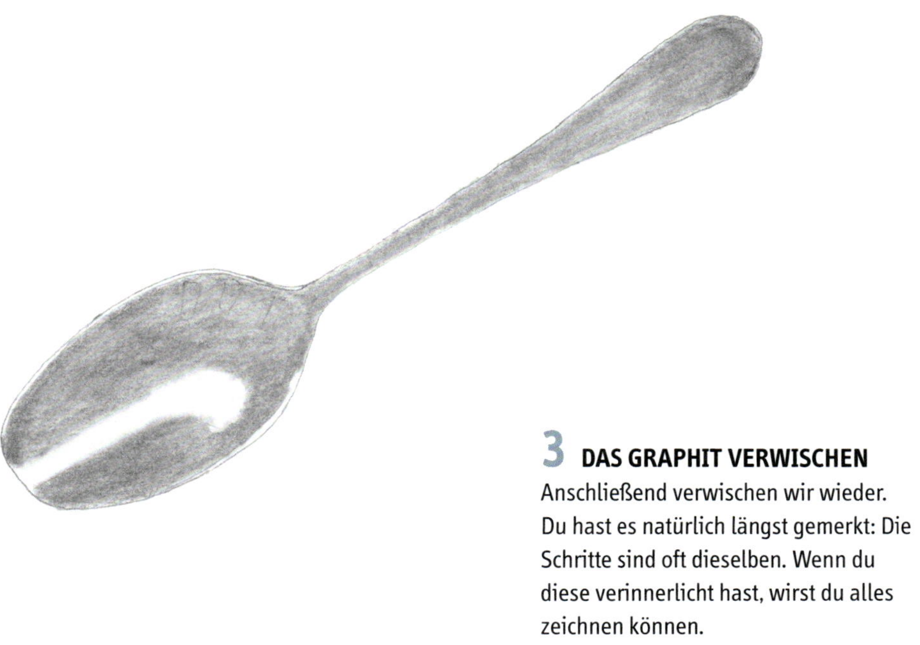

3 DAS GRAPHIT VERWISCHEN

Anschließend verwischen wir wieder. Du hast es natürlich längst gemerkt: Die Schritte sind oft dieselben. Wenn du diese verinnerlicht hast, wirst du alles zeichnen können.

»KONTRAST IST ALLES!«

4 SCHWÄRZE DIE SCHATTENBEREICHE

Da wir beim Metall einen harten Kontrast wollen, zeichnen wir gleich mit dem 8B Stift weiter. Die Schattenbereiche schwärzen wir richtig dunkel ein. Dabei aber die Glanzpunkte freilassen! Der Übergang von Hellgrau zu Schwarz ist nun etwas stark, aber das brauchen wir für den nächsten Schritt.

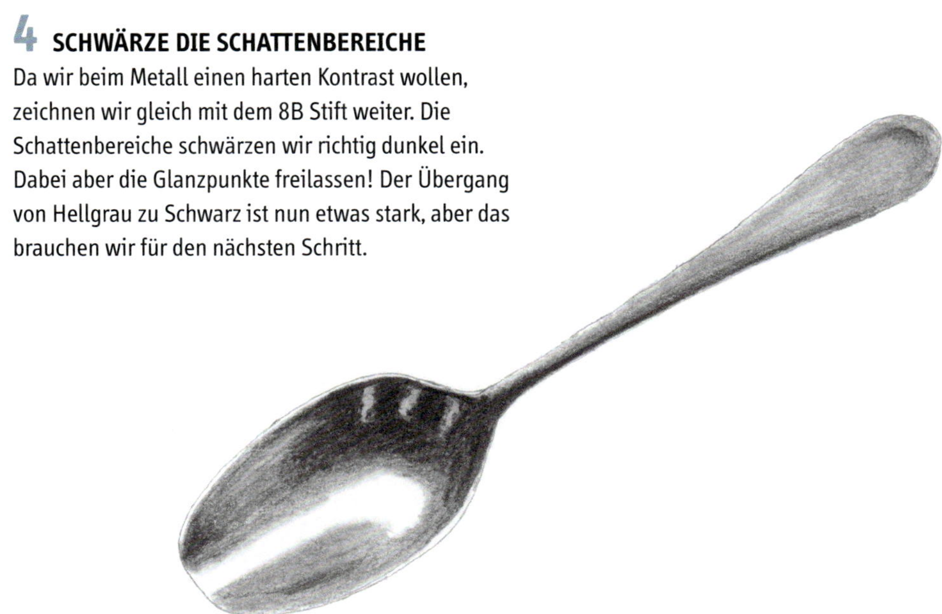

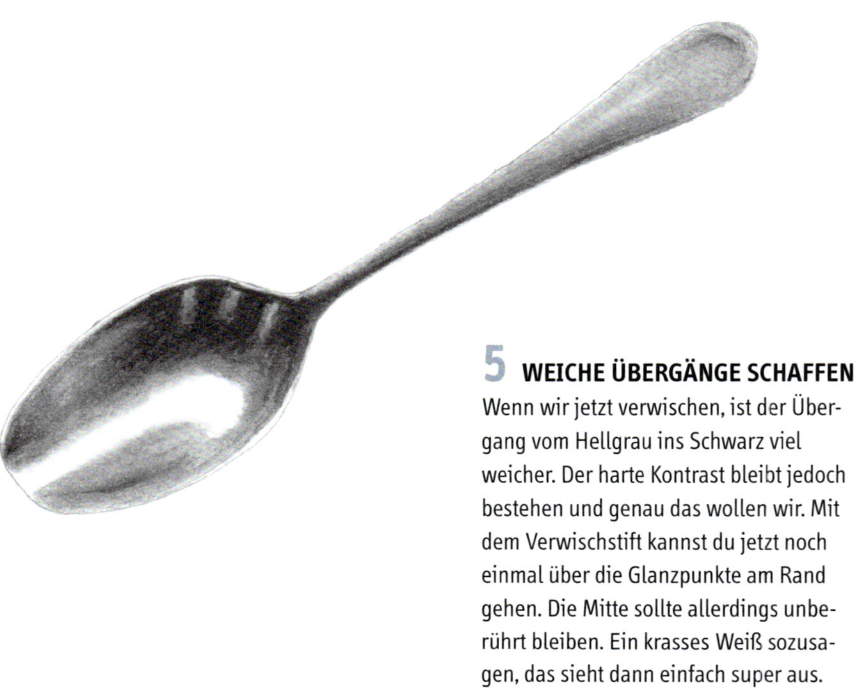

5 WEICHE ÜBERGÄNGE SCHAFFEN

Wenn wir jetzt verwischen, ist der Übergang vom Hellgrau ins Schwarz viel weicher. Der harte Kontrast bleibt jedoch bestehen und genau das wollen wir. Mit dem Verwischstift kannst du jetzt noch einmal über die Glanzpunkte am Rand gehen. Die Mitte sollte allerdings unberührt bleiben. Ein krasses Weiß sozusagen, das sieht dann einfach super aus.

»ES IST NICHT ALLES GOLD, WAS GLÄNZT!«

MEIN TIPP FÜR DICH Metall hat eine tolle Oberfläche. Beim Zeichnen brauchen wir harte Kontraste. Da jeder einen Löffel zu Hause hat, kannst du ihn ideal als Vorlage nutzen. Spiele ein wenig mit Licht und Schatten. Du kannst mit einer Tischlampe und einem Löffel, Messer oder Gabel ganz toll diesen harten Kontrast üben und hast das Motiv live vor dir, um es flexibel zu verändern.

»IM ZEICHNEN STECKT KRAFT!«

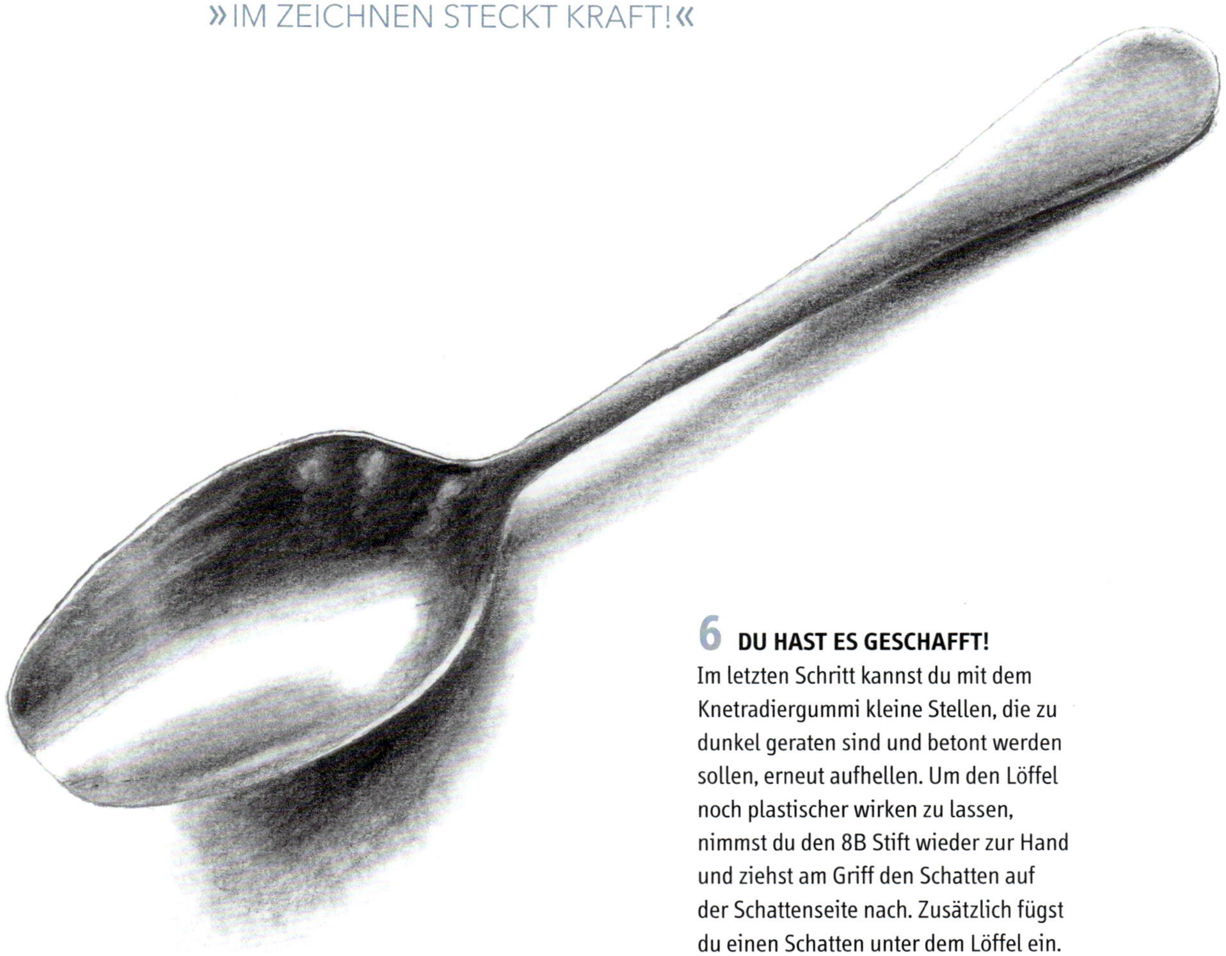

6 DU HAST ES GESCHAFFT!

Im letzten Schritt kannst du mit dem Knetradiergummi kleine Stellen, die zu dunkel geraten sind und betont werden sollen, erneut aufhellen. Um den Löffel noch plastischer wirken zu lassen, nimmst du den 8B Stift wieder zur Hand und ziehst am Griff den Schatten auf der Schattenseite nach. Zusätzlich fügst du einen Schatten unter dem Löffel ein. Durch diesen Schatten sieht es aus, als würde er auf einer Oberfläche liegen. Siehst du, dass er gleich ganz anders wirkt?

Am besten schaust du dir das Zeichnen von Metall in meinem Video an.

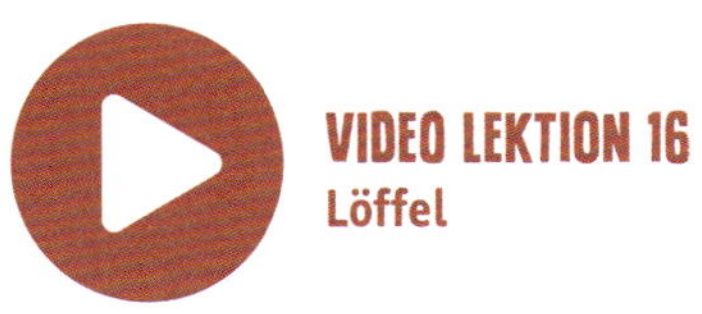

LEKTION 17: ROSE

DAS BRAUCHST DU:
HB Bleistift und
Bleistifte in 6B und 8B
Verwischstift
Knetradiergummi
weißes Papier

VORLAGE:
Seite 119

Lass uns eine Rose zeichnen, ein romantisches Motiv! Wenn du so ein Bild für einen deiner Liebsten zeichnest, wird das sicher ein besonderes Geschenk. Es kommt von Herzen und ist von dir ganz persönlich gezeichnet.
Eine Rose hat viele Details. Daher ist es wichtig, den Überblick zu behalten. Bereits die Skizze sollte also sehr sauber und sorgfältig gezeichnet sein. Zudem muss man immer aufpassen, dass die Hand nicht aus Versehen etwas verwischt. Du kannst natürlich ein Blatt Papier unter die Hand legen. Aber nun möchte ich dir kurz eine andere Möglichkeit aufzeigen. Es ist eine Art **Zeichenhandschuh**. Es handelt sich dabei um einen normalen Handschuh, bei dem man alle Finger bis auf den kleinen Finger mit einer Schere abschneidet. So hat man mit den Fingern, die man beim Zeichnen nutzt, die Freiheit, die man braucht. Doch damit geht das saubere Zeichnen etwas leichter. Da der kleine Finger vom Handschuh bedeckt ist, verwischt er nichts, auch wenn er mal aus Versehen auf deine Zeichnung kommt.

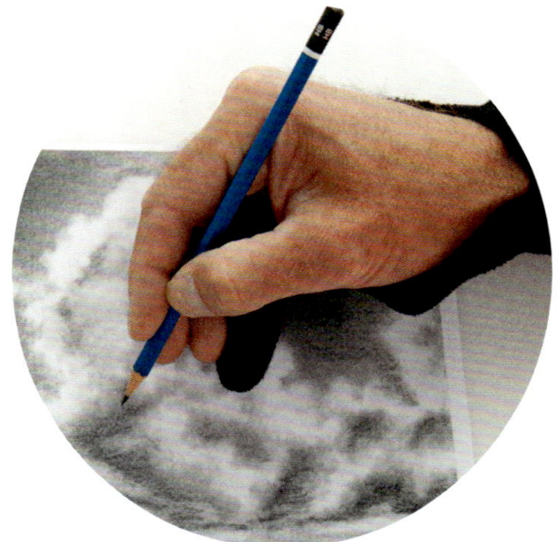

SO SIEHT ER AUS
Selbst ein alter Handschuh kann eine tolle Hilfe sein. Wieso also nicht das nutzen, was wir haben?

»SEI KREATIV!«

MEIN TIPP FÜR DICH Achte darauf, dass der Handschuh aus Wolle oder Fleece ist. Gummihandschuhe oder Ähnliches eignen sich nicht. Damit bleibst du am Bild kleben oder verschmierst deine Zeichnung. Aber es sollte auch nicht gerade ein Handschuh sein, der „schweineteuer“ war. Vielleicht hast du ja zufällig ein Einzelstück.

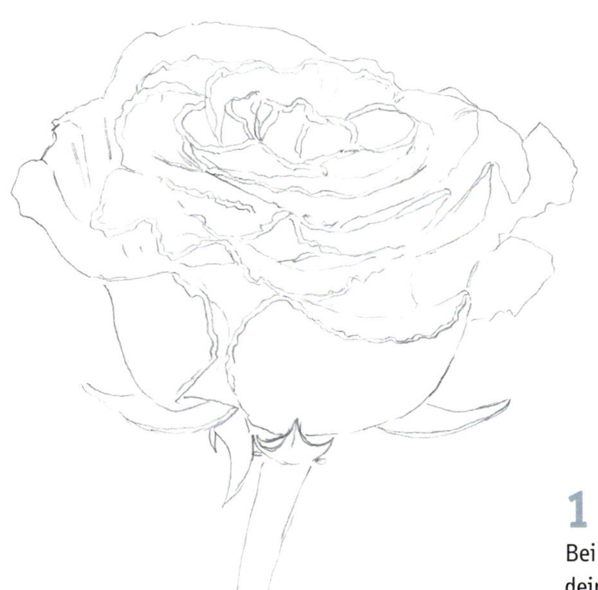

1 SKIZZE ANLEGEN

Bei diesem Motiv ist es wichtig, dass du deine Skizze sehr sorgfältig anlegst.

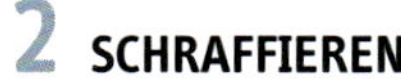

2 SCHRAFFIEREN

Beim Schraffieren lassen wir am Rand der Blätter einen dünnen weißen Rand stehen. Das ergibt einen tollen Effekt. Die Betrachter deines Meisterwerkes werden staunen.
Dort, wo sich der Schatten unter den Blättern befindet, kannst du jetzt schon ein wenig stärker aufdrücken. So werden die Bereiche gleich ein wenig aufgeteilt und die Übersicht fällt dir dadurch leichter.

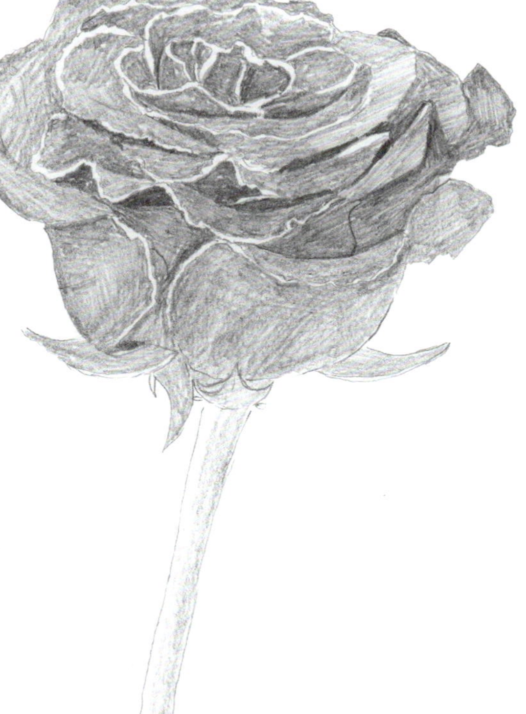

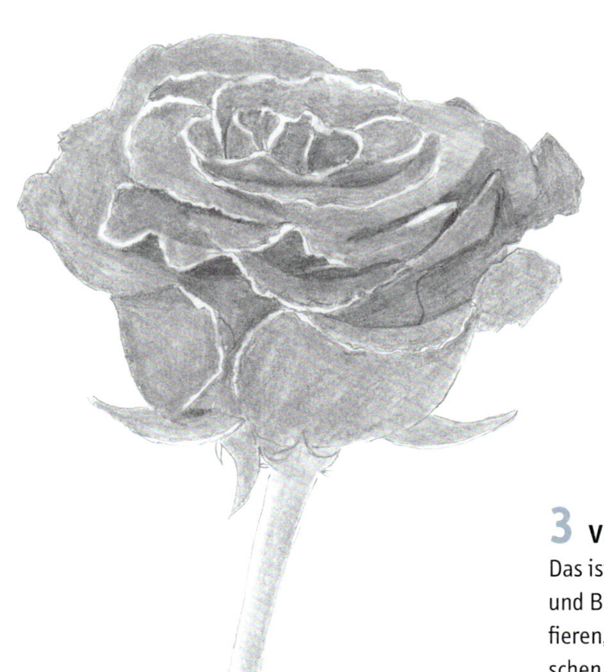

3 VERWISCHEN

Das ist dir sicherlich bereits in Fleisch und Blut übergegangen: zuerst schraffieren, dann verwischen. Beim Verwischen solltest du hier sehr vorsichtig sein. Achte darauf, dass du mit der Spitze des Verwischstifts arbeitest.

»NICHT JEDE ROSE HAT DORNEN.«

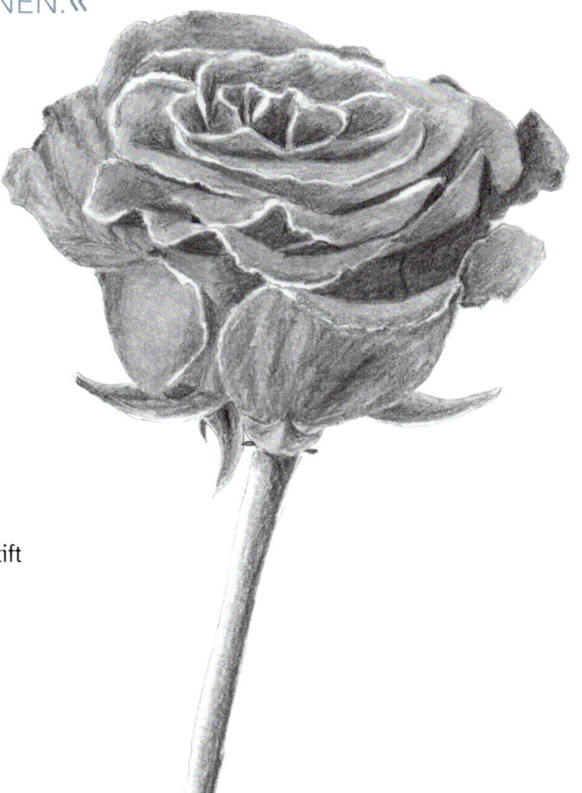

4 TIEFE EINBRINGEN

Deine Rose sieht sicher schon super aus. Aber du möchtest mehr und das bekommst du jetzt auch. Mit dem 6B Stift bringst du Tiefe in die Rose.

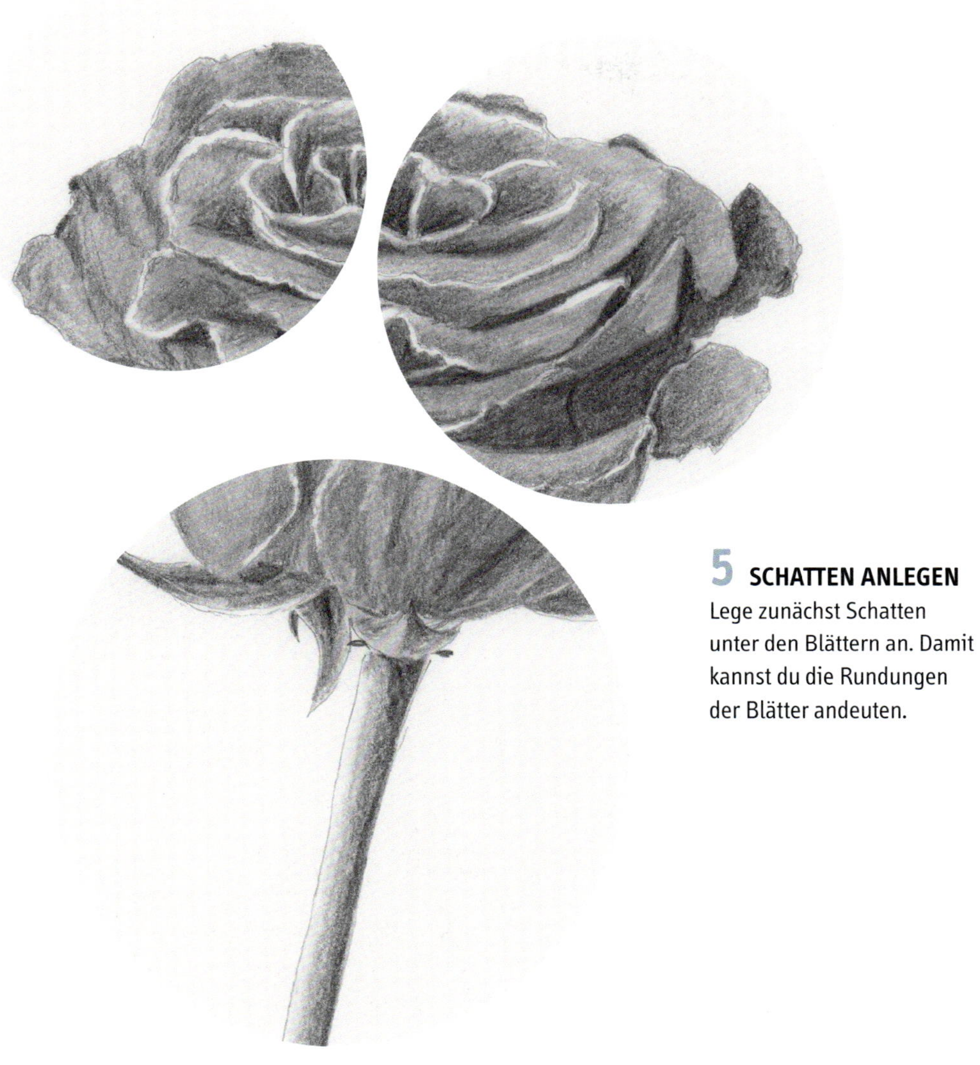

5 SCHATTEN ANLEGEN

Lege zunächst Schatten unter den Blättern an. Damit kannst du die Rundungen der Blätter andeuten.

6 GRAUSTUFENVERLAUF

Beim Stiel kannst du die rechte Seite sehr dunkel „eingrauen“. Dort wollen wir einen tollen Verlauf von Weiß zu Schwarz auf kleinstem Raum zeichnen. Daher ist ein wenig Fingerspitzengefühl gefragt. Aber mit deinem Können bekommst du das sicher locker hin.

MEIN TIPP FÜR DICH Die Rose ist ein ideales Motiv, um nach draußen zu gehen, in der freien Natur zu zeichnen und auf dem Rückweg einer geliebten Person einfach diese Rose mitzubringen. Liebe im Leben ist wundervoll.

»VERWISCHEN IST REINE GEFÜHLSSACHE.«

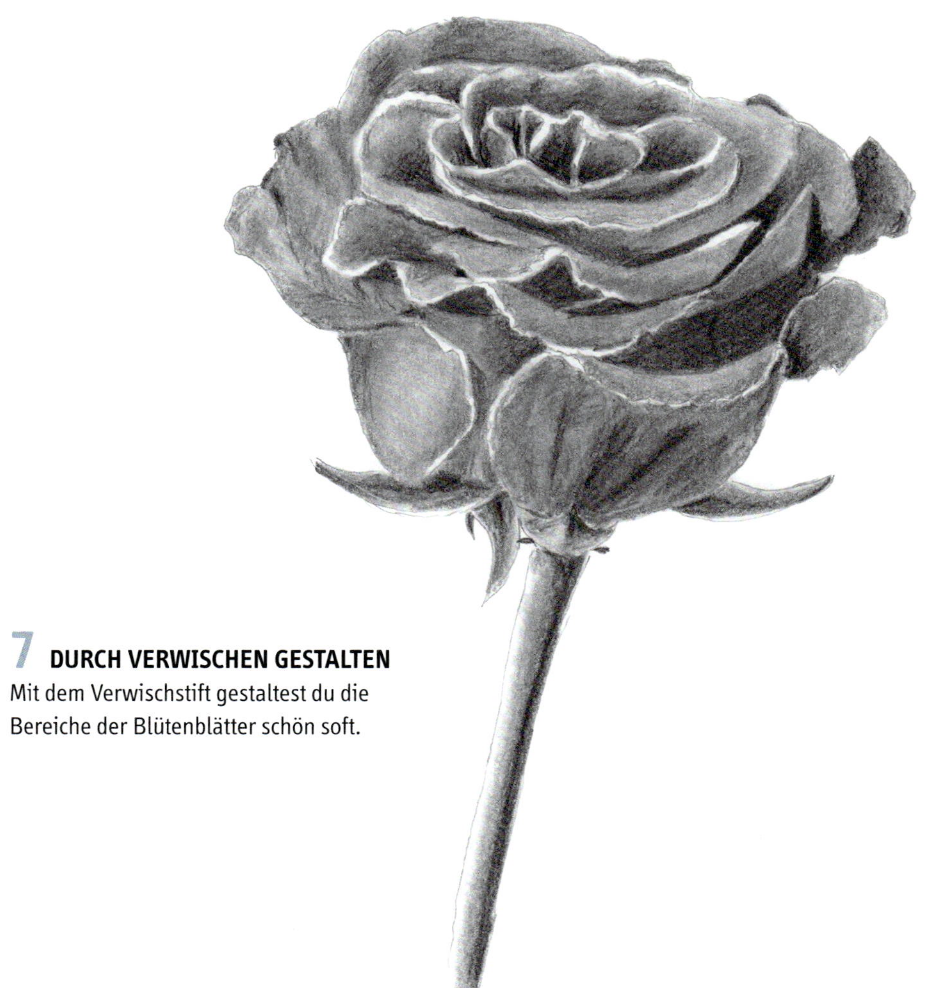

7 DURCH VERWISCHEN GESTALTEN
Mit dem Verwischstift gestaltest du die Bereiche der Blütenblätter schön soft.

Und schon hast du wieder ein neues Meisterwerk geschaffen, über das du dich sicher riesig freuen wirst. Genauso wie der liebe Mensch, den du damit beschenkst. Das hast du super gemacht! Du merkst sicher, dass es wichtig ist, bei komplexen Bildern mit vielen Details wie hier, die Übersicht zu behalten und nicht zu früh zu verwischen.

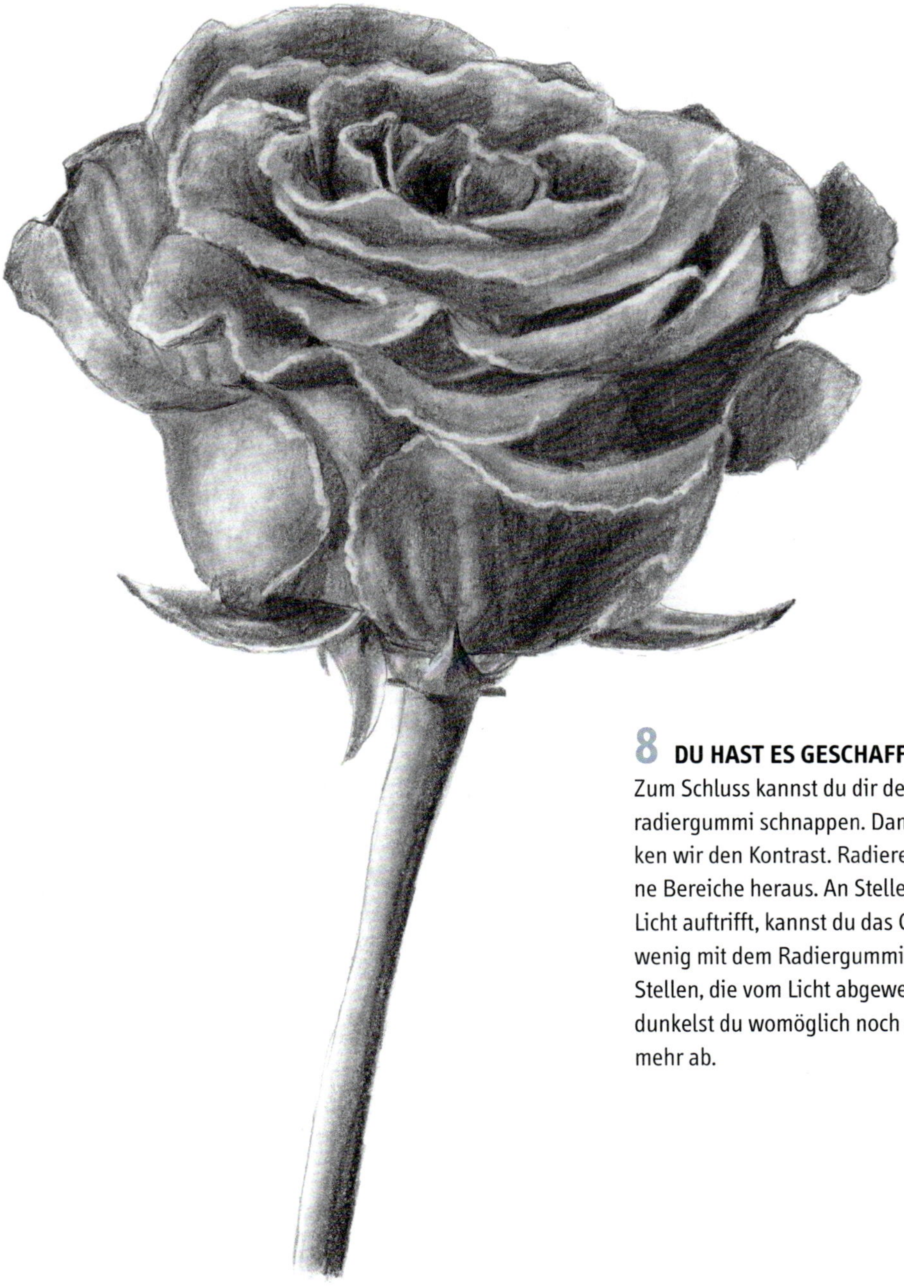

8 DU HAST ES GESCHAFFT!

Zum Schluss kannst du dir deinen Knetradiergummi schnappen. Damit verstärken wir den Kontrast. Radiere dafür kleine Bereiche heraus. An Stellen, wo das Licht auftrifft, kannst du das Graphit ein wenig mit dem Radiergummi abtupfen. Stellen, die vom Licht abgewendet sind, dunkelst du womöglich noch ein wenig mehr ab.

»FINDE DEINEN GESCHMACK!«

Wie ich es schaffe, den Lichtrand der Blätter beizubehalten, das zeige ich dir noch einmal genau im Video.

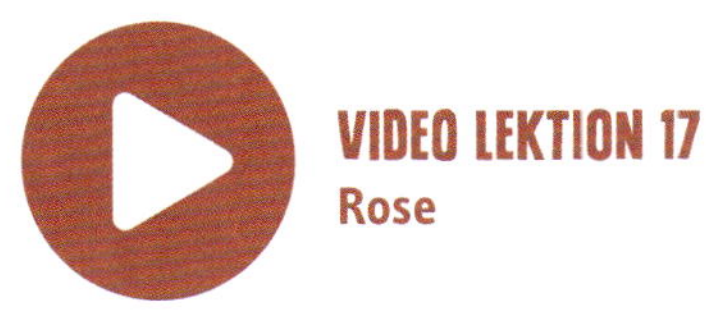

LEKTION 18: PFERDEKOPF

DAS BRAUCHST DU:

HB Bleistift und Bleistifte in 6B und 8B
Verwischstift
Knetradiergummi
Pinsel
weißes Papier
Leuchttisch

VORLAGE:

Seite 120

Nun kommt etwas Spannendes. Zum einen möchte ich mit dir einen Pferdekopf zeichnen, ein tolles Motiv, und zum anderen möchte ich dir eine neue Möglichkeit aufzeigen, wie man Proportionen übertragen kann.
Du kennst nun schon das Gittersystem aus Lektion 14 (siehe Seite 62). Es funktioniert super, aber ist nicht jedermanns Sache. Eine Alternative stellt der **Leuchttisch** da. Der einzige Nachteil: Man kann hier leider nur Bilder 1:1 übernehmen. Deine Vorlage muss also so groß sein wie das Bild, das du zeichnen möchtest. Vielleicht hast du die Möglichkeit, das Bild auf dem PC kleiner oder größer zu machen. Dann druckst du es einfach aus. So kann man die Proportionen nahezu perfekt übertragen.

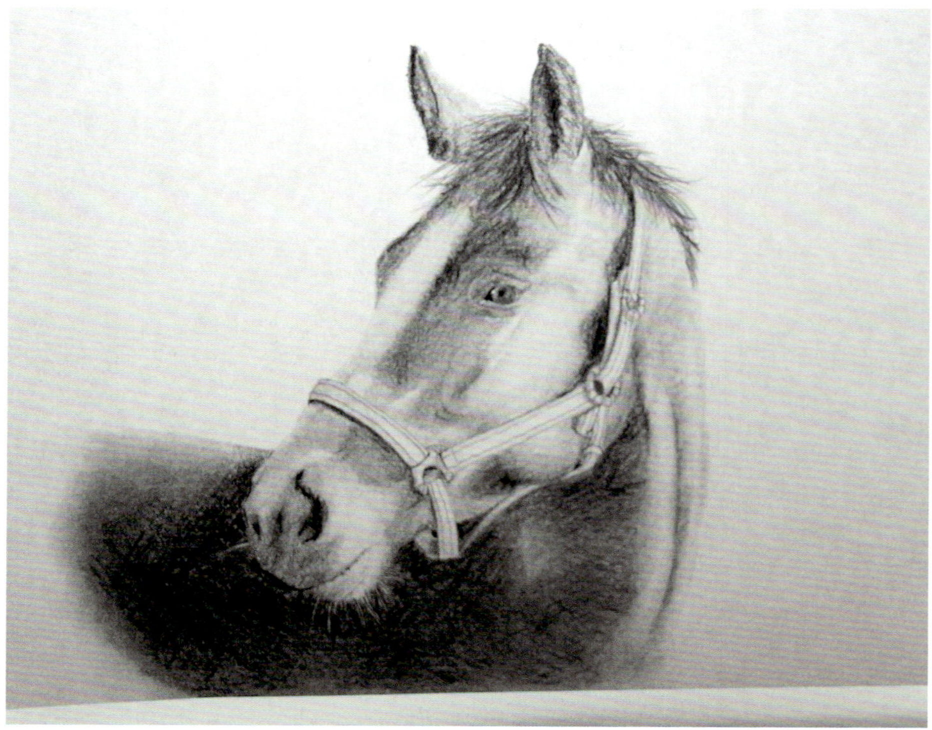

1 ORIGINALBILD
Zuerst legst du dein Bild auf den Leuchttisch und schaltest das Licht ein. Diese praktischen kleinen Dinger gibt es schon für wenig Geld.

MEIN TIPP FÜR DICH Wenn du einen Glastisch hast, kannst du dir sogar den Kauf sparen. Platziere einfach eine Lampe darunter und schon ist dein Leuchttisch fertig!

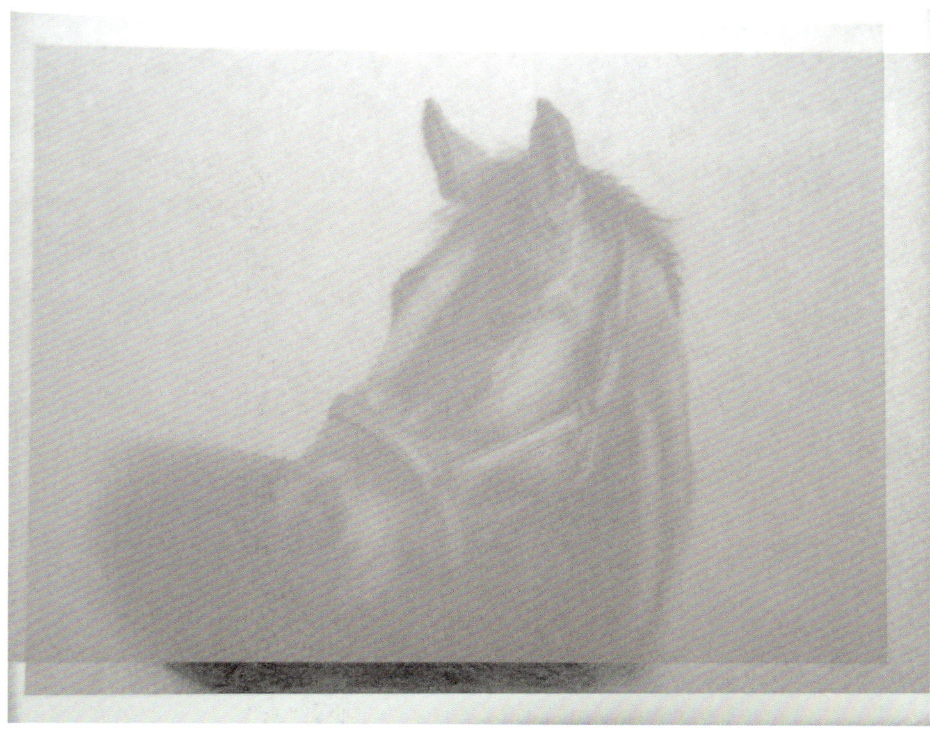

2 PAPIER POSITIONIEREN

Dann legst du ein leeres Blatt Papier auf das Original. Überlege dir, wo das Motiv auf deinem Papier stehen soll und schiebe das Papier in die gewünschte Position.

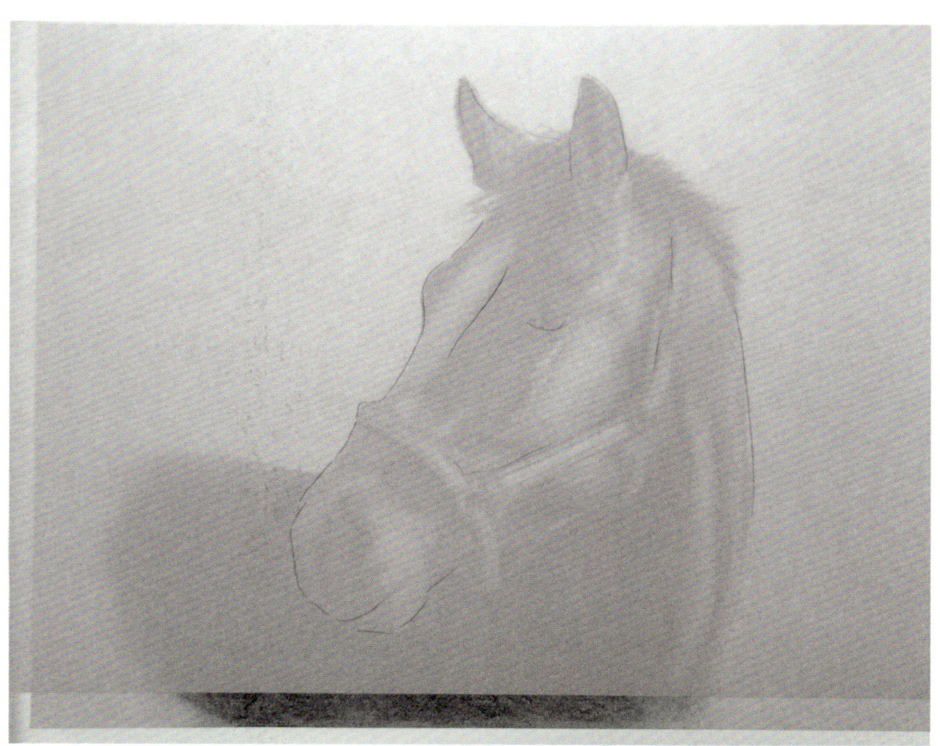

3 MOTIV ÜBERTRAGEN

Mithilfe des Lichts kannst du nun die Proportionen ganz einfach mit dem Stift nachfahren. Außerdem kannst du Licht und Schatten einteilen und dir einen guten Überblick verschaffen.

»SO KOMMT LICHT IN DIE ZEICHNUNG!«

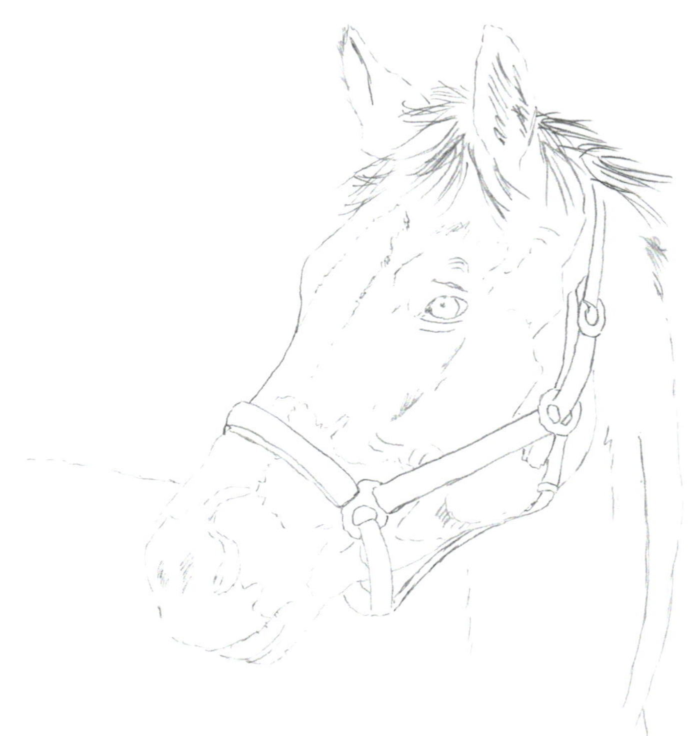

4 SKIZZE ANLEGEN

Nach dem Übertragen der Proportionen, sieht dein Motiv in etwa so aus.

Wenn du die Linien der Skizze beibehalten möchtest, drücke einfach mit dem HB Stift beim Skizzieren etwas fester auf. So verschwinden sie nicht beim Verwischen. Du musst dir keine Sorgen machen, dass man sie am Ende sieht. Da wir später mit dem 6B Stift arbeiten, werden diese Striche sowieso unter dem dunkleren Graphit verschwinden.

5 GRAPHIT AUFTRAGEN

Danach „graust" du alles wieder wie üblich ein. Inzwischen fühlst du dich schon sehr mit den einzelnen Zeichenschritten vertraut.

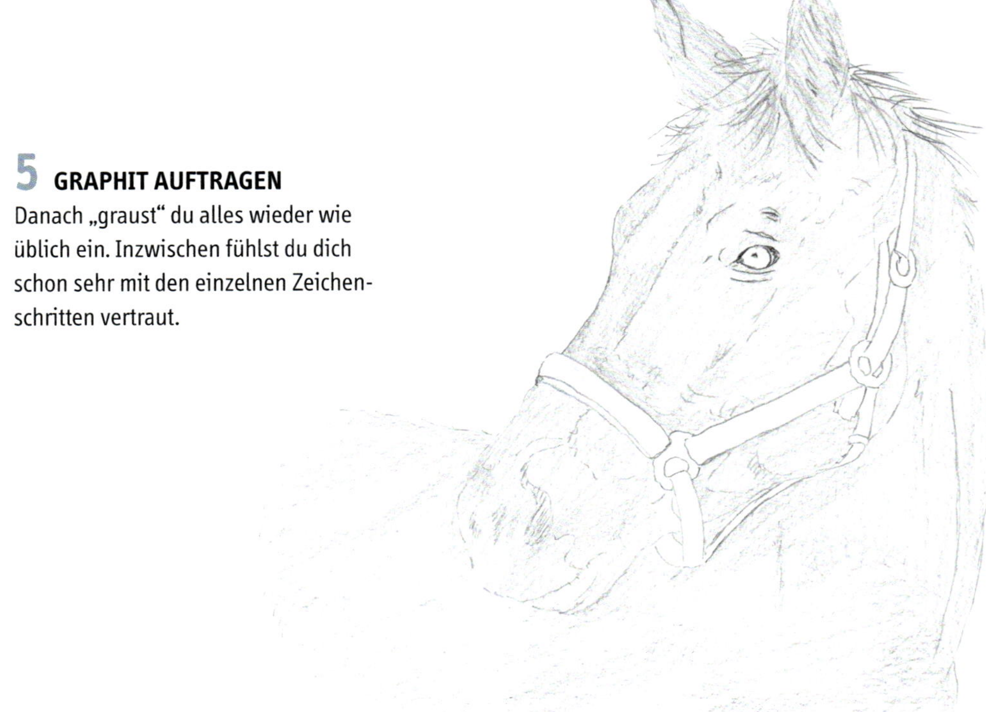

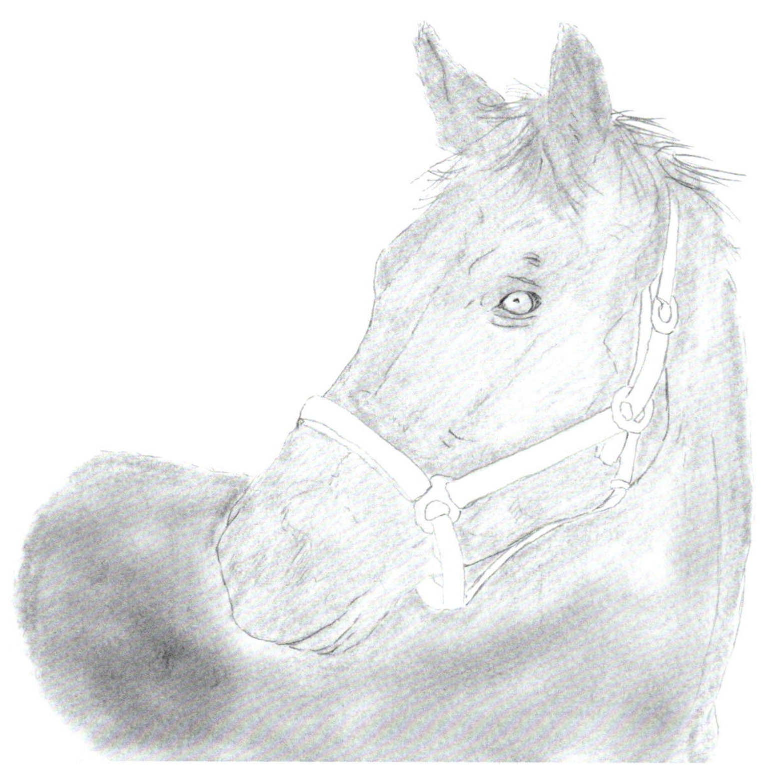

6 VERWISCHEN

Jetzt verwischst du wieder wie üblich das Graphit. Wenn du deine Skizzenlinien für Licht und Schatten fest genug aufgetragen hast, kannst du sie nach dem Verwischen noch gut erkennen. So kannst du klasse weiterarbeiten und hast schon einmal Graphit auf dem Bild.

»ZEICHNEN IST KEINE HEXEREI!«

7 ABDUNKELN

Mit dem 6B Stift dunkelst du den Körper ab. Zeichne die Haare mit dunklen Strichen und füge Schatten hinzu, wo das Licht nicht hinfällt. Also in den Ohren, in den Nüstern sowie bei den Falten über und unter dem Auge.

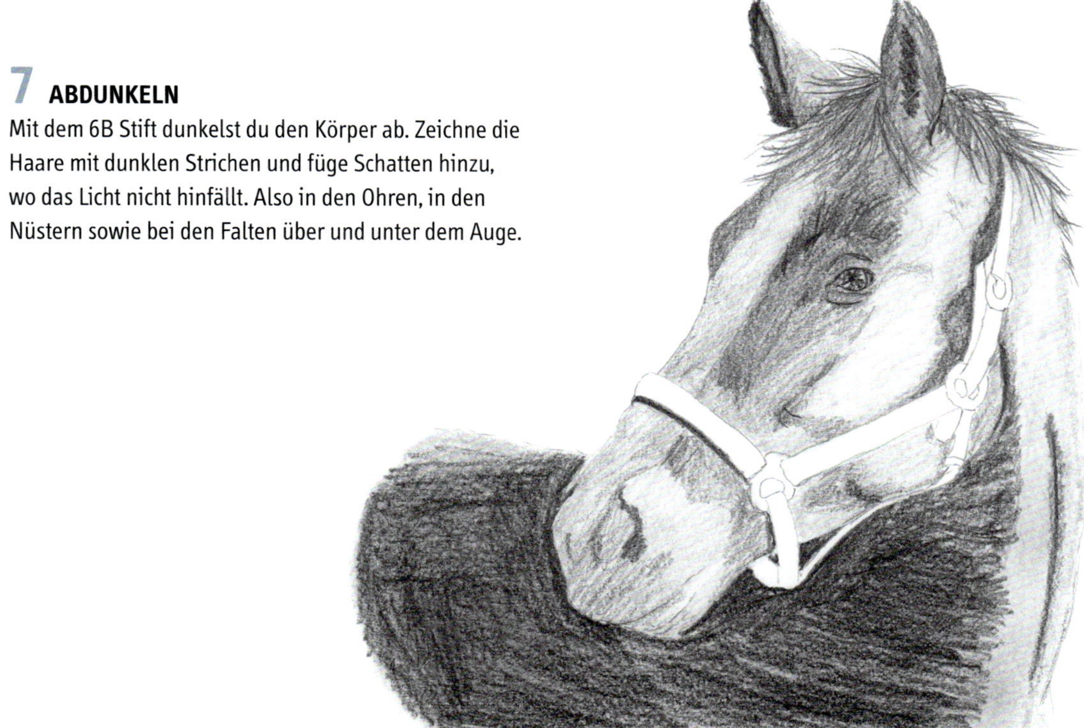

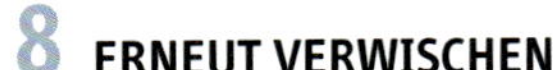

8 ERNEUT VERWISCHEN

Auch die neuen dunklen Stellen werden wieder verwischt. Du hast sicherlich gemerkt, dass du diese Schritte inzwischen ganz von alleine machst. Inzwischen kennst du mich und meine Art zu arbeiten schon sehr gut. Daher weißt du wahrscheinlich ohne viele Worte, was als Nächstes kommt.

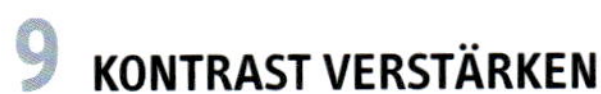

9 KONTRAST VERSTÄRKEN

Du kannst mit einem 8B Stift nun noch mehr Kontrast ins Bild bringen, indem du den Bereich um das Auge herum etwas abdunkelst. Anschließend verfeinerst du die Haare und die Ohren. Kleine Stellen, die im Licht liegen, kannst du mit dem Knetradiergummi hervorheben. Den Schatten um das Halfter machst du richtig schwarz. Und schon wirkt dein Pferdekopf richtig plastisch.

PFERDE SIND TOLLE TIERE. Hauptsächlich kenne ich sie jedoch nur aus meiner Kindheit. Damals konnte ich sie nicht zeichnen und heute sehe ich keine mehr. Wenn es dir auch so geht, dann ist diese Übung eine tolle Verbindung zu unserer Vergangenheit. Wie gerne hätten wir den einen oder anderen Moment als Kind festgehalten, aber es fehlte uns an Ausdrucksmöglichkeiten. Nun hast du das Können, mit dem es machbar wird. Einen Moment aus der Vergangenheit wiederzuholen, finde ich super. Durch das Zeichnen kann man sich wunderbar ausdrücken und seine Emotionen transportieren, d. h. sie sichtbar machen. Ist das nicht fantastisch?

10 DU HAST ES FAST GESCHAFFT!
Zum Schluss wählst du ein Muster für das Halfter, das dir gefällt. Du weißt ja: Ein Bild sieht immer auch nach dem Zeichner aus. Sei also kreativ und lass alles heraus, was in dir schlummert.

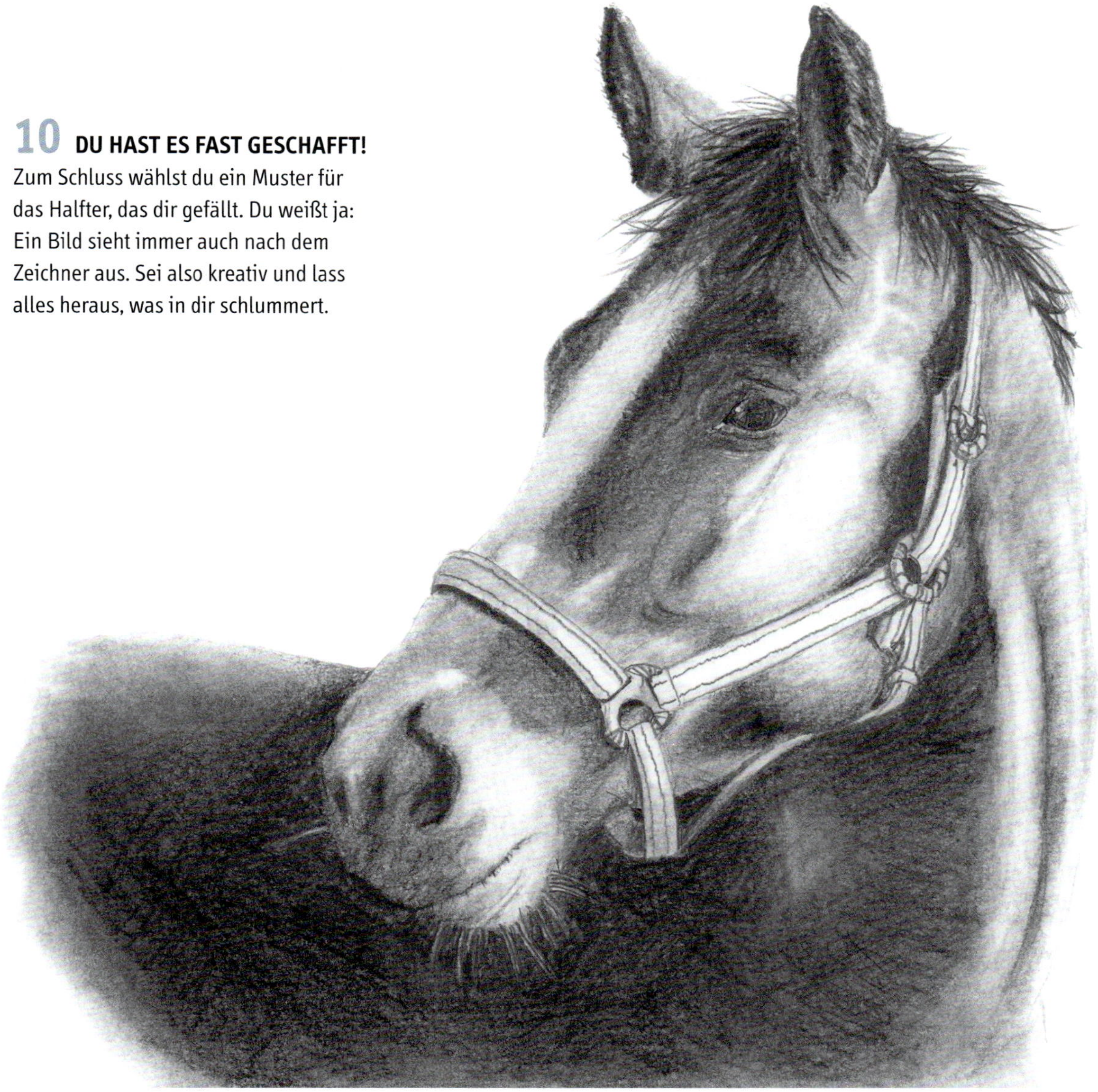

»WIEDERHOLE DIE SCHRITTE SO OFT DU WILLST!«

Ich finde, besonders bei solch komplexen Bildern, ist ein Video hilfreich. Hier kannst du noch einmal genau sehen, was meine Hand macht. Leider gab es diese Möglichkeit früher nicht. Freu dich daher über das Video, mit dem du noch mehr Sicherheit beim Zeichnen bekommst.

LEKTION 19:
HIMMEL UND MEER

DAS BRAUCHST DU:

HB Bleistift und Bleistift in 6B und 8B

Graphitpulver oder 8B Mine eines Druckbleistifts

weißes Papier

Synthetik-Flachpinsel

Knetradiergummi

VORLAGE:

Seite 121

Du weißt, wie man Wolken zeichnet. Wir haben das gelernt und du kannst das inzwischen (Lektion 10, Seite 44). Doch sicher hast du auch bemerkt, wie mühsam es ist, große Flächen wie den Himmel sauber und gleichmäßig zu füllen, sodass keine hässlichen Striche hervorschauen. Das ist nicht immer leicht. Nun möchte ich dir zu dem, was du bereits kennst, eine neue Technik vorstellen und mit dir Himmel und Meer zeichnen. Ein wichtiges Material, das wir nutzen werden, ist **Graphitpulver**.

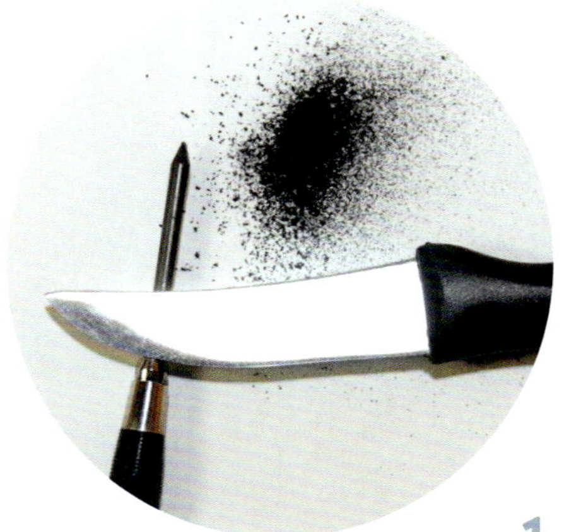

1 GRAPHITPULVER HERSTELLEN
Graphitpulver ist nicht überall erhältlich, aber leicht herzustellen. Du schabst zum Beispiel einfach mit einem Messer etwas Graphit von der Mine eines Druckbleistifts.

Das Pulver einer 6B-Mine ist dafür eine gute Stärke. Es lässt sich gut verarbeiten, ist aber nicht zu hell oder zu dunkel.

» NEUE TECHNIKEN ERÖFFNEN NEUE MÖGLICHKEITEN. «

2 SKIZZE ANLEGEN

Du siehst auf meiner Skizze, dass ich einen sehr tiefen Horizont gewählt habe. So steht der Himmel im Mittelpunkt. Die Wolken sollen sich von unten aufbauen und nach oben größer werden. Im unteren Bereich zeichnen wir etwas Wasser und eine tolle Welle ein, die sich an ein paar Steinen bricht.

Nun können wir in die dunklen Bereiche am Himmel etwas Graphitpulver streuen. Entweder du schabst das Graphitpulver direkt von der Mine aufs Bild oder du sammelst ein bisschen Pulver in einer kleinen Schale.

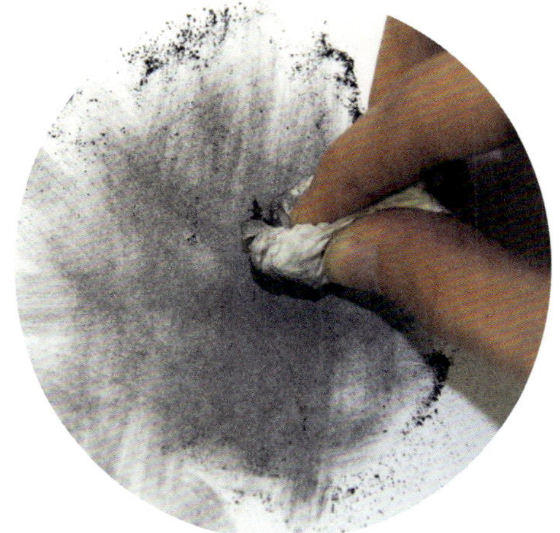

3 GRAPHITPULVER VERWISCHEN

Nachdem ich das Pulver aufgetragen hatte, habe ich es mit einem Taschentuch verwischt. Du kannst zum Verwischen etwas nehmen, was du zu Hause hast. Küchenkrepp, ein Papiertaschentuch, Wattepads oder was dir sonst noch einfällt.

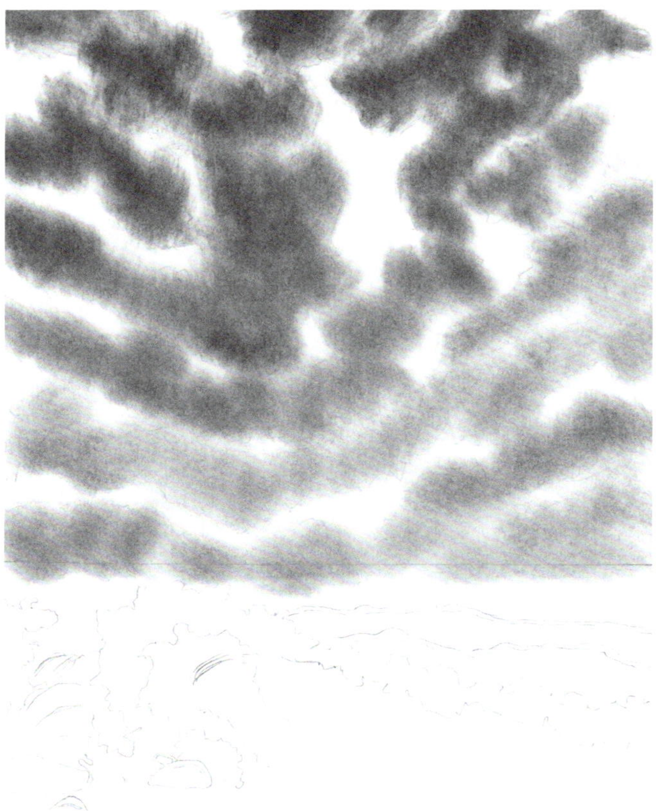

4 DEN HIMMEL ARBEITEN

In kleinen X-Bewegungen verteilst du das Pulver langsam von oben nach unten. Oben sollte der Himmel etwas dunkler sein und zum Horizont hin heller werden. So bekommt deine Zeichnung mehr Tiefe.

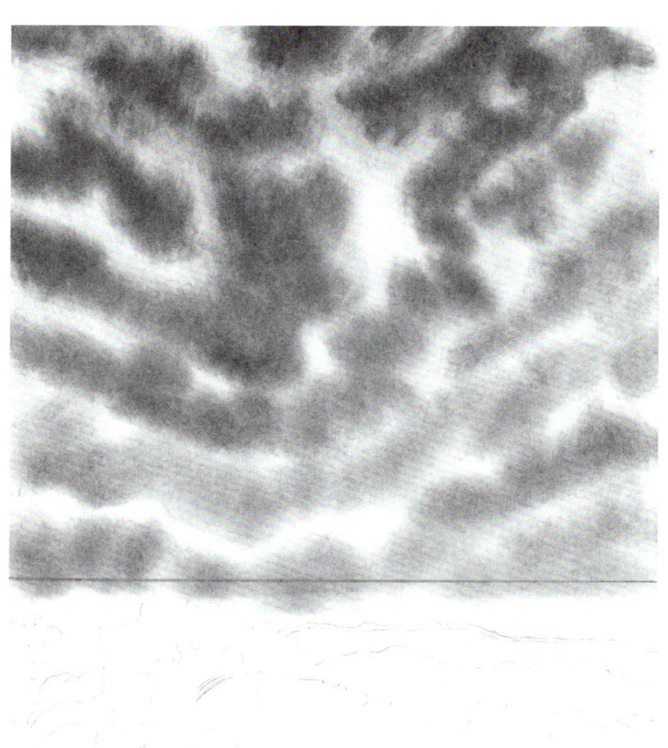

5 SANFTE ÜBERGÄNGE SCHAFFEN

Damit sanfte Übergänge zwischen dem Grau und dem Weiß entstehen, kannst du hier auch gut einen Pinsel einsetzen. Gehe mit dem Pinsel über deine Zeichnung und verwische das Ganze ein wenig ineinander.

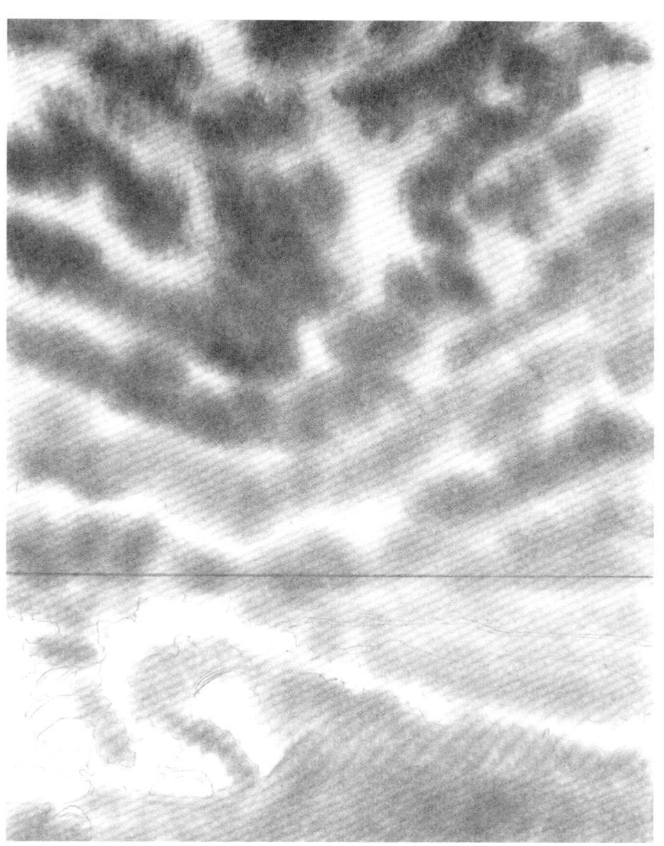

6 MEER UND WELLE ANLEGEN

Beim Meer und der Welle gehst du ebenso vor: etwas Graphitpulver auftragen und verreiben. Den Schaum der Welle aber weiß lassen! Auch das Auge der Welle lassen wir frei.
Wieder brauchst du dir an dieser Stelle keine Sorgen um die genaue Form der Welle oder der Wolken zu machen.

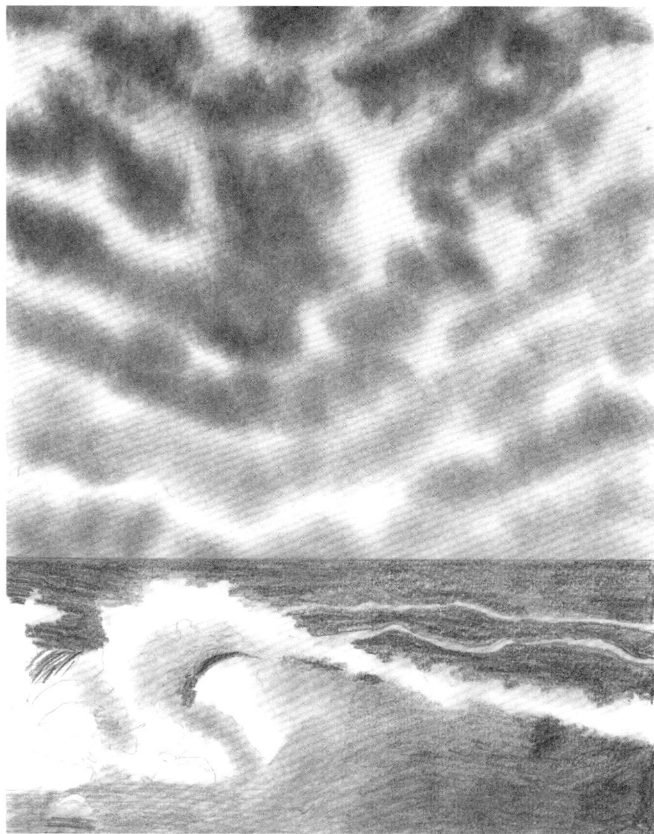

7 DYNAMIK ENTSTEHT

Damit Dynamik entsteht, dunkle das Meer mit dem 8B Stift etwas ab und füge ein paar dunkle Stellen in den Wolken und in der großen Welle ein. Ein paar kleinere Wellen im Hintergrund entstehen schnell, wenn du ihre weißen Schaumkronen frei lässt.

»WOLKEN UND WELLEN - DYNAMIK PUR!«

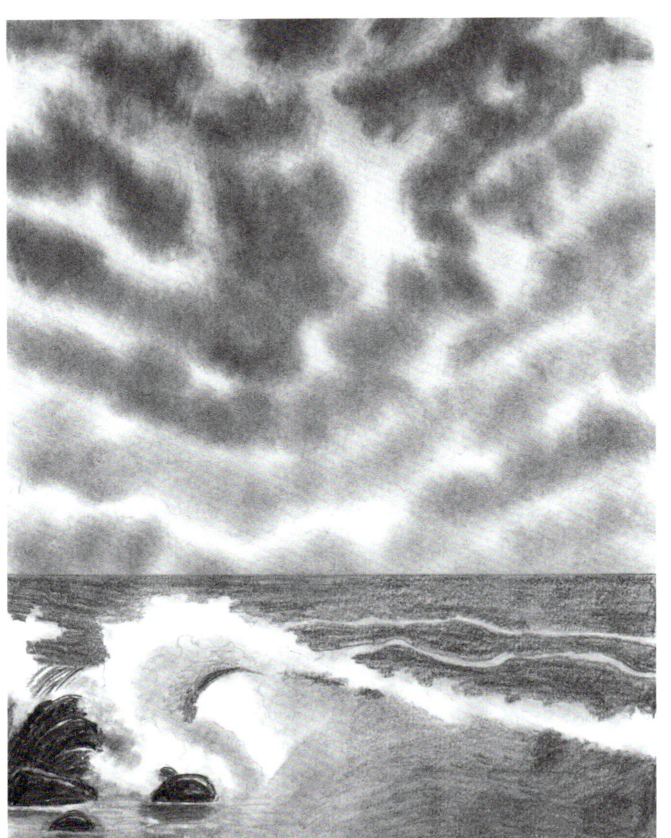

8 STEINE UND REFLEXIONEN EINFÜGEN

Die Welle muss sich ja an etwas brechen. Idealerweise nehmen wir dazu die Steine, die du bereits zu zeichnen gelernt hast (Lektion 7, Seite 28). Die kannst du hier wieder einmal meisterhaft einbauen. Zeichne sie recht dunkel. Kleine Highlights stehen lassen und leichte Reflexionen in das Wasser. Auch die beherrschst du schon perfekt (Lektion 9, Seite 38).

Ist es nicht genial, wie sich alles im Laufe der Zeit miteinander verbindet? Wie bei einem Baukasten kannst du immer wieder auf bereits Gelerntes zurückgreifen.

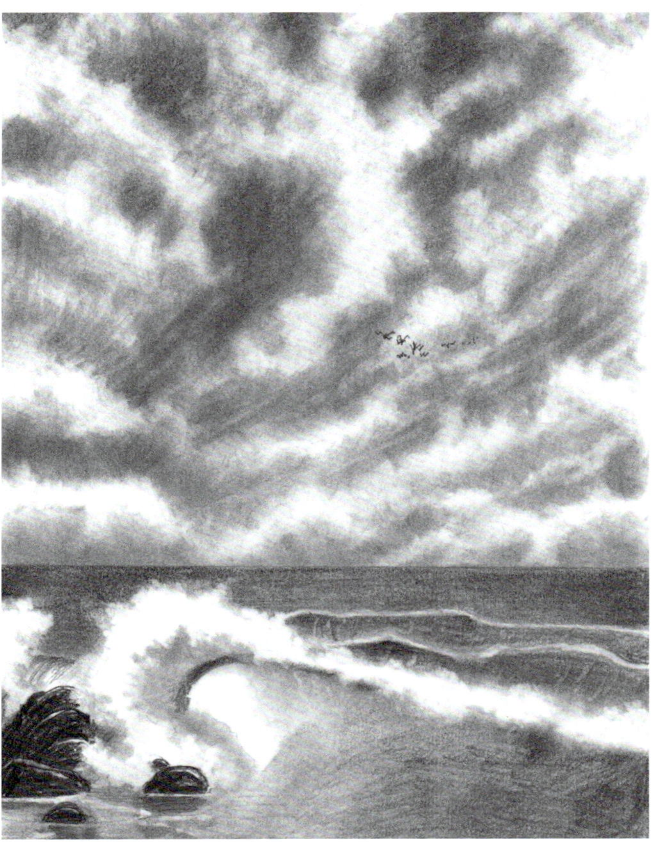

9 DEN KNETRADIERGUMMI EINSETZEN

Jetzt zaubern wir wieder mit unserem Knetradiergummi. Die Wolken schön aufplustern. Die Schaumkrone der Welle hervorheben. Lass deinen Radiergummi über das Papier tanzen und lass es einfach geschehen. Manchmal entstehen ganz tolle Dinge einfach zufällig. Auf einmal sieht eine Wolke genial aus, obwohl du vielleicht an der Stelle gar nicht radieren wolltest.

Wie wäre es mit ein paar Vögeln, die über dem Meer fliegen? Die Form ist einfach und der Himmel wird dadurch noch lebendiger.

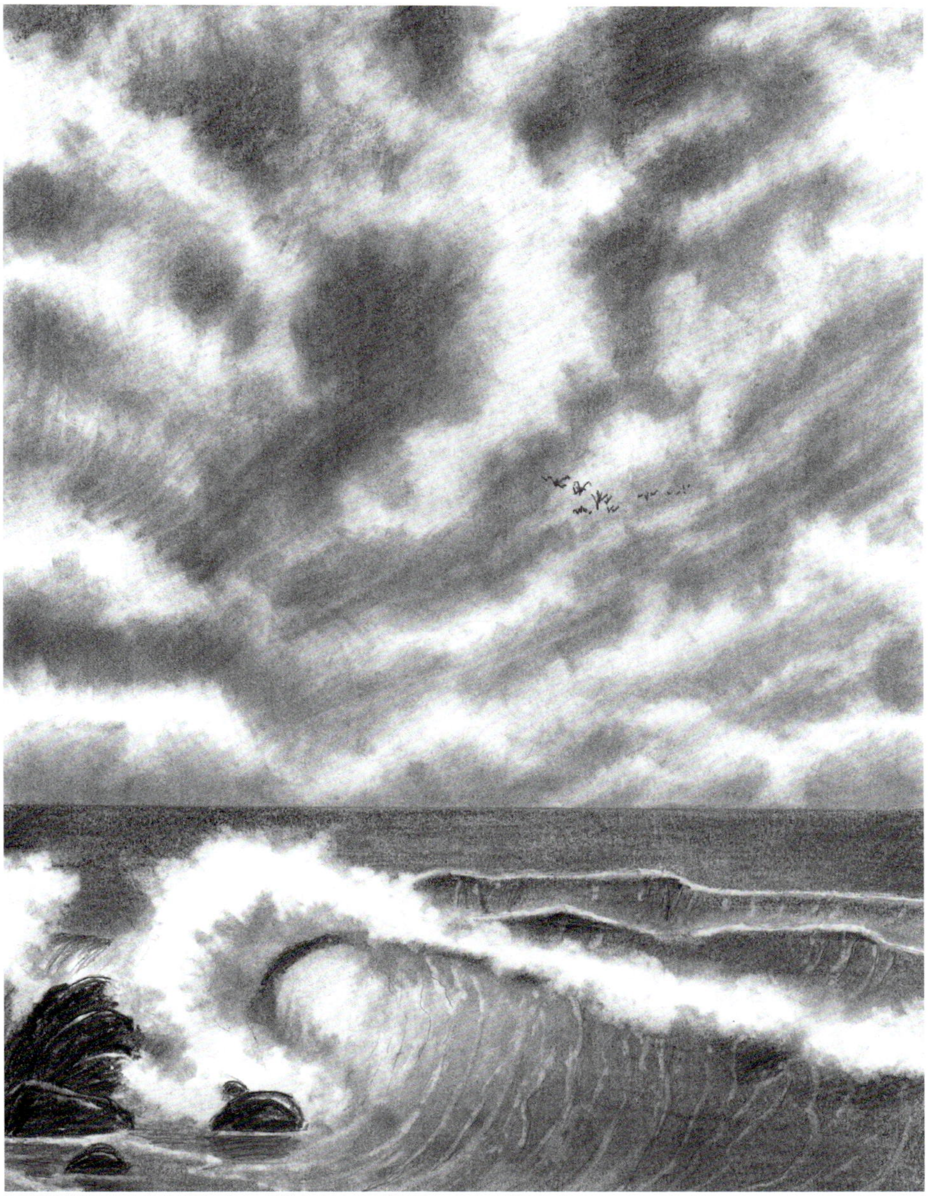

10 DU HAST ES FAST GESCHAFFT!
Am Ende ziehen wir mit einer Spitze, die wir mit dem Knetradiergummi geformt haben, ein paar Wasserlinien. Dabei aber dem Verlauf der Welle folgen. Alles sollte herrlich miteinander verbunden aussehen.

»LASS DICH VON DER DYNAMIK MITREISSEN.«

In dem Video zeige ich dir noch einmal, was ich mit dem Pulver genau mache und wie ich damit arbeite. Es ist nicht schwer, aber es ist gut, es live zu sehen. Ich hätte mir diese Möglichkeit damals gewünscht und möchte das nun für dich wahr machen.

LEKTION 20: BART

DAS BRAUCHST DU:

HB Bleistift und Bleistifte in 6B und 8B
Pinsel
Knetradiergummi
Elektro-Radierer
Verwischstift
Synthetik-Flachpinsel
weißes Papier

Ich möchte mit dir einen Bart zeichnen. Nicht das ganze Gesicht, sondern ich stelle dir bei diesem Motiv ein besonderes Tool vor: den **Elektro-Radierer**. Ein geniales kleines Teil, das dir das Radieren noch leichter macht. Besonders wenn man eine sehr dunkle Stelle hat und nachträglich gerne daraus eine helle Stelle machen möchte. Irgendwann macht auch der Knetradiergummi schlapp, weil das Graphit zu fest im Papier ist. Doch genau an dieser Stelle hilft der Elektro-Radierer. Seine Spitze dreht sich! Und wenn man den Radiergummi mit einem kleinem Stück Schleifpapier anspitzt, erhält man eine sehr feine Spitze. Damit kann man dann sehr dünne Linien ziehen, und das sogar über tiefschwarze Bereiche. Ist das nicht der Wahnsinn?

»BART GAR NICHT HART!«

1 WANGE SCHRAFFIEREN
Zuerst legen wir eine Wange mit dem HB Stift an.

2 BARTHAARE EINFÜGEN

Mit dem Knetgummiradierer ziehen wir dann lange weiße Barthaare. An dieser Stelle schafft er es noch locker!

Ich finde es immer wieder erstaunlich:
Wie etwas Helles hervortritt, wenn man etwas Dunkles daneben zeichnet. Genial!

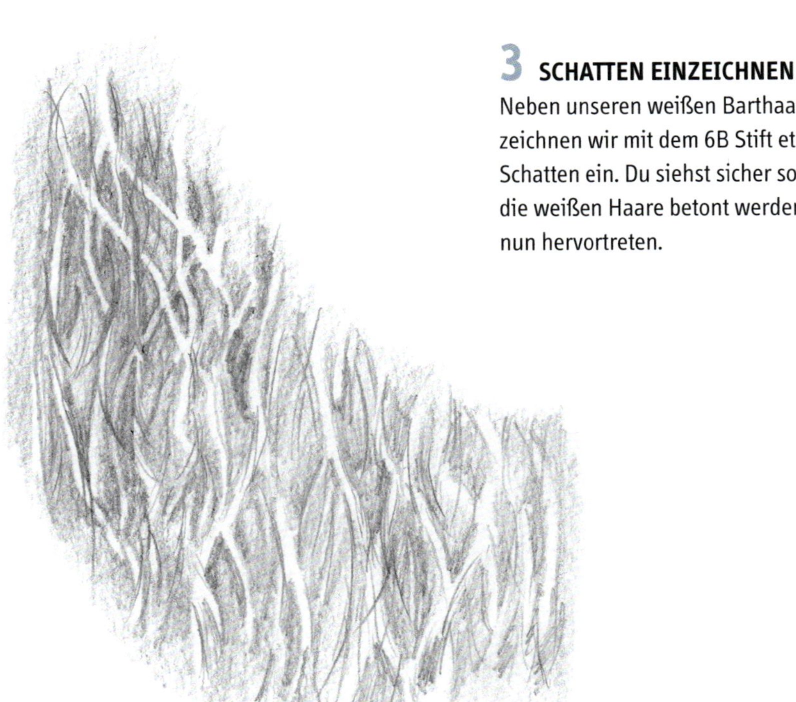

3 SCHATTEN EINZEICHNEN

Neben unseren weißen Barthaaren zeichnen wir mit dem 6B Stift etwas Schatten ein. Du siehst sicher sofort, wie die weißen Haare betont werden und nun hervortreten.

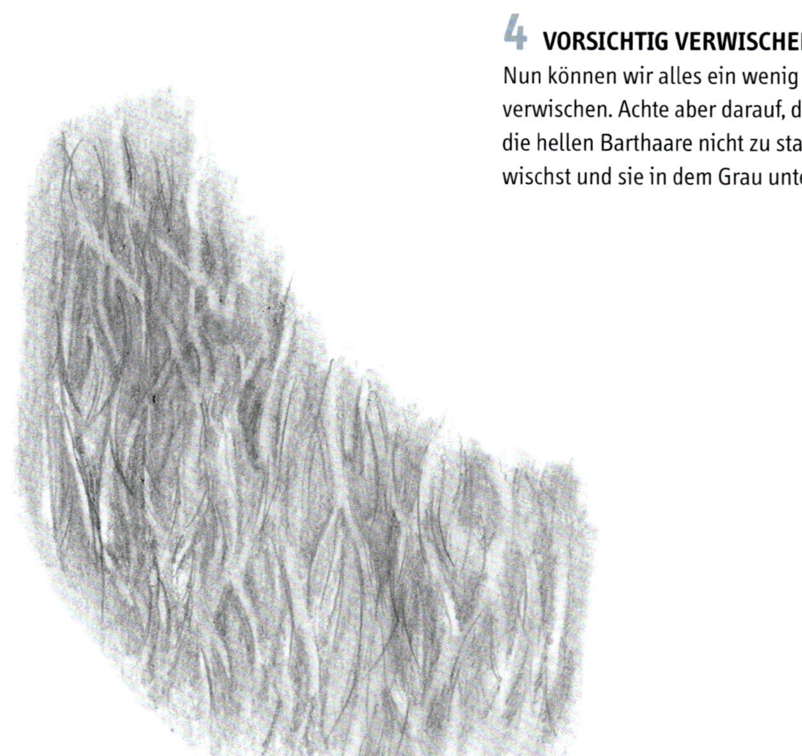

4 VORSICHTIG VERWISCHEN

Nun können wir alles ein wenig verwischen. Achte aber darauf, dass du die hellen Barthaare nicht zu stark verwischst und sie in dem Grau untergehen.

»DETAILS SIND KOSTBAR!«

MEIN TIPP FÜR DICH Versuche immer, alles zu bewahren, was du dir mühsam erarbeitet hast. Nicht einfach grob darüber gehen und das war's. Jedes Detail hat seine Berechtigung und seinen Wert! Man kann an ihnen die Liebe des Zeichners für sein Werk erkennen.

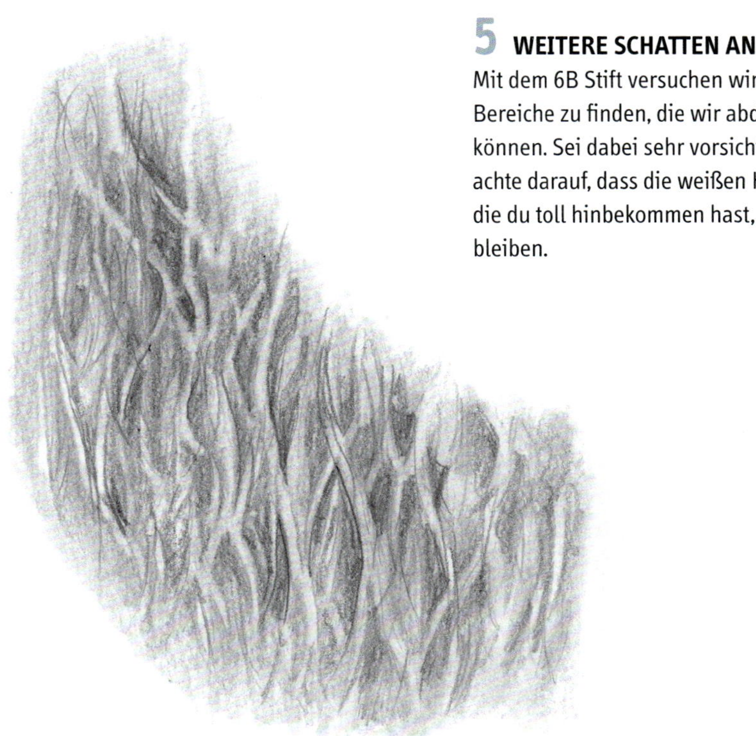

5 WEITERE SCHATTEN ANLEGEN

Mit dem 6B Stift versuchen wir, kleine Bereiche zu finden, die wir abdunkeln können. Sei dabei sehr vorsichtig und achte darauf, dass die weißen Haare, die du toll hinbekommen hast, stehen bleiben.

»SPIELE MIT LICHT UND SCHATTEN!«

MATERIAL UND SEINE TÜCKEN.

Wenn mal was schiefgeht, ist es wirklich nicht schlimm. Im Laufe der Zeit erlebt man so einiges. Als ich damals mit dem Malen anfing, verwendete ich Acrylfarben. Nach einer Weile wollte ich auch einmal Ölfarben ausprobieren. Ich malte also drauflos und dachte mir: Super Farben.

Ich merkte schon, die brauchen aber lange zum Trocknen, und ich beschloss, mir die Farbspritzer von den Händen zu waschen. Es waren ja nur wenige kleine blaue Punkte. Das würde sicher schnell gehen.

Ich hatte eine Sauerstoffbrause am Wasserhahn. Das heißt, wenn man die Hände darunterhält, werden sie richtig eingeschäumt. Wasser und viele kleine Luftblasen. Ich tauchte also meine Hände in den Strahl und sie verschwanden unter dem ganzen Schaum. Ich wusch und wusch.

O. k., das reicht dann mal, dachte ich mir und wollte die Hände abtrocknen. Als ich die Hände aus dem Wasser nahm, waren sie allerdings komplett blau.

Na, super. Hätte ich mir die Hände färben wollen, wäre das eine gute Möglichkeit gewesen. Das Wasser hatte sich mit der Farbe verbunden und meine ganzen Hände überzogen. Doch ich wollte ja eigentlich nur saubere Hände. Ich entschied, nie wieder mit Ölfarben zu malen.

Du siehst: Missgeschicke passieren. In der Kunst geht es immer um das Ausprobieren. Lass dich nicht entmutigen, wenn mal ein Stift nach etlichem Anspitzen nur noch 5 cm groß ist. Man kann nie voraussehen, was passiert, aber am Ende ist es womöglich ja eine gute Geschichte, die du erzählen kannst. So ist das Leben. Mal lustig und mal schräg.

6 ERNEUT VERWISCHEN

Nun verwischen wir die Schatten erneut. Da wir hier wirklich viel Gefühl brauchen, eignet sich der Pinsel super. Diese Schritte wiederholst du so lange, bis du so viele Barthaare gezeichnet hast, dass du mit dem Ergebnis zufrieden bist.

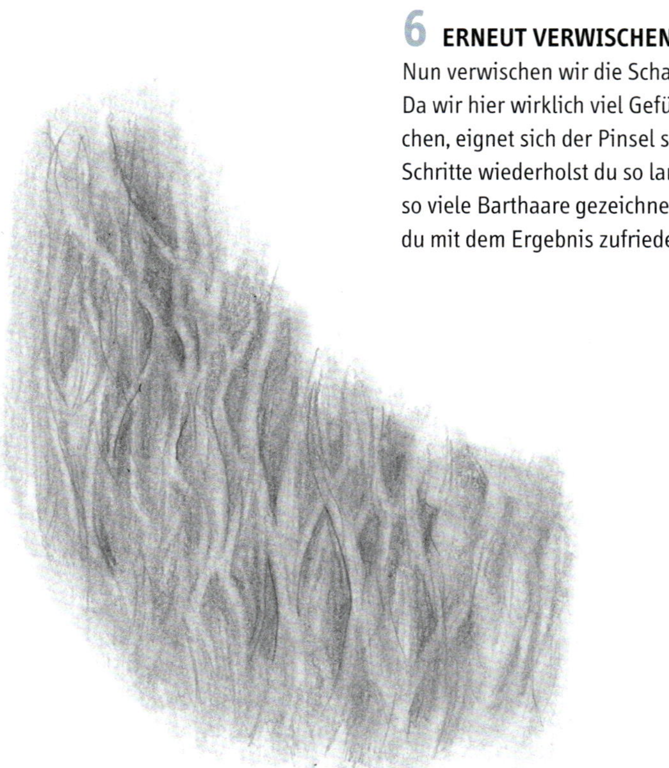

Da wir nun viel verwischt haben und auch Graphit vom 6B Stift auf dem Bild ist, kann unser Knetradiergummi nicht mehr viel ausrichten. Wirklich weiße Barthaare bekommt er einfach nicht mehr hin. Genau an dieser Stelle setzt du nun den Elektro-Radierer ein.

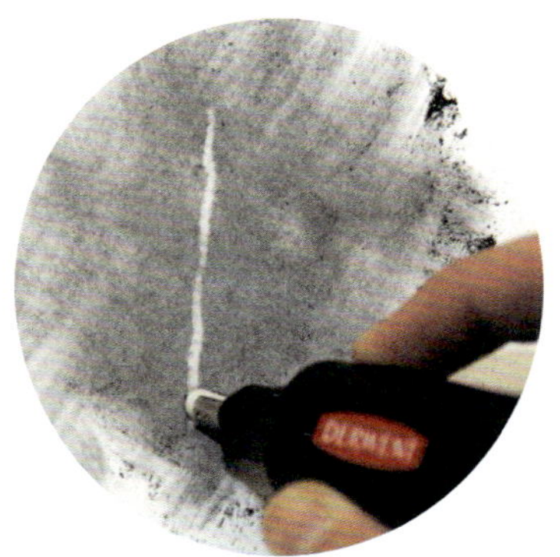

SO SIEHT ER AUS

Diese kleinen Teilchen gibt es schon ab 15 Euro. Also sie sind wirklich nicht teuer. Du musst auch keine Angst haben. Man kann sich damit nicht verletzen, denn so schnell sind sie auch wieder nicht.

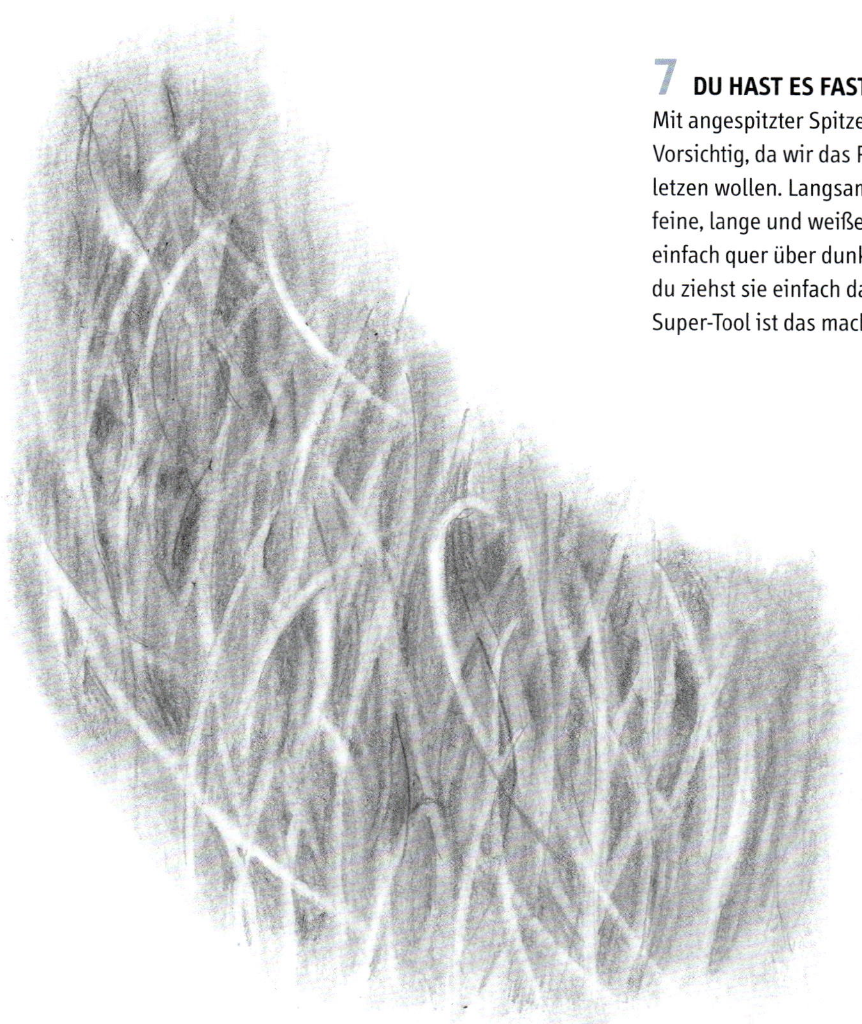

7 DU HAST ES FAST GESCHAFFT!
Mit angespitzter Spitze geht es los. Vorsichtig, da wir das Papier nicht verletzen wollen. Langsam ziehst du damit feine, lange und weiße Barthaare. Auch einfach quer über dunkle Flächen. Egal, du ziehst sie einfach darüber. Mit diesem Super-Tool ist das machbar!

Genau bei solchen Sachen wünscht man sich doch immer wieder, dass mal jemand sagt: Hey, schau dir das an. Ich zeige dir, wie's geht und wie du den Elektro-Radierer benutzen musst. Genau das werde ich deshalb im Video machen. Viel Spaß dabei!

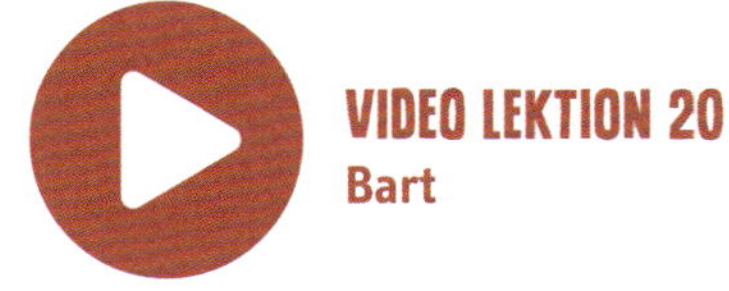

HÄTTE ICH NUR FRÜHER DAVON GEHÖRT!

Haarsträhnen waren lange Zeit der Horror für mich. Es gab eine Zeit, wo ich deswegen mit dem Porträtzeichnen ganz aufhörte. Doch es gibt so viele tolle Materialien und Werkzeuge. Man muss sie nur kennen und wissen, wie man sie einsetzt. Ich hoffe, dass ich in diesem Buch sowohl Einsteigern als auch Fortgeschrittenen noch das eine oder andere Wunder-Tool zeigen kann.

LEKTION 21: DOSE

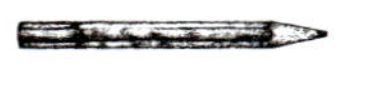

DAS BRAUCHST DU:

HB Bleistift und Bleistifte in 6B und 8B
Verwischstift
weißes Papier

VORLAGE:

Seite 122

Jetzt setzen wir alles ein, was wir bisher kennengelernt haben! Ich möchte in dieser Lektion mit dir eine Dose zeichnen. Also wieder Metall wie beim Löffel, aber dieses Mal mit hartem Kontrast und größeren Flächen. Das Motiv ist anspruchsvoll, aber ich denke, du wirst es mit Leichtigkeit meistern. Du hast dir inzwischen ein so großes Repertoire an Techniken und Material zugelegt. Für die Dose bist du bestens gewappnet und kannst loslegen.

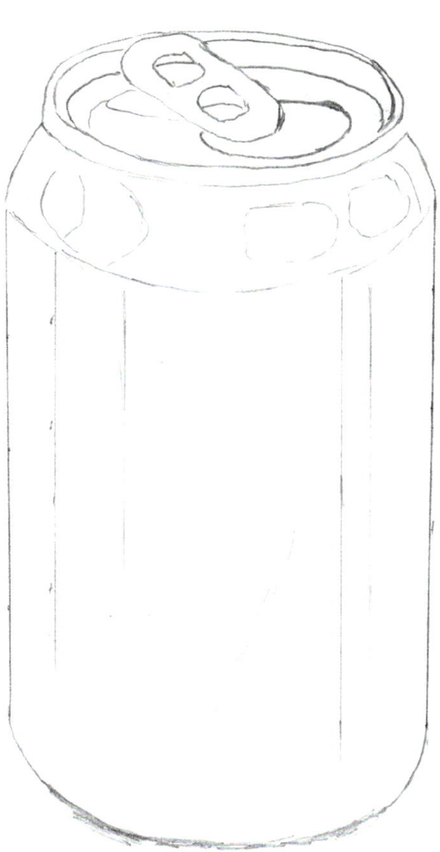

1 SKIZZE ANLEGEN

Nutze deine Lieblingstechnik, um die Proportionen einer Dose zu übertragen. Schau dir dazu das Endbild auf Seite 101 genau an und wähle markante Punkte. Dann solltest du in etwa solch eine Skizze haben.
Das Spannende ist, dass jeder andere Punkte wählt und das gleiche Motiv bei jedem etwas anders aussieht. Du kannst aber auch die Vorlage verwenden. Wähle deinen Weg, mit dem du am besten zurechtkommst und dich wohl fühlst.

»MACHE DEINE EIGENE SKIZZE!«

MEIN TIPP FÜR DICH Auch hier ist es praktisch, sich einfach eine Dose im Supermarkt zu kaufen und zu Hause als Vorlage vor sich hin zu stellen. Es hift, wenn man die Anleitung aus dem Buch, aber auch ein Objekt live vor sich hat. Versuche das größtmögliche Potential aus den Dingen für das Zeichnen lernen zu ziehen, die du zur Verfügung hast.

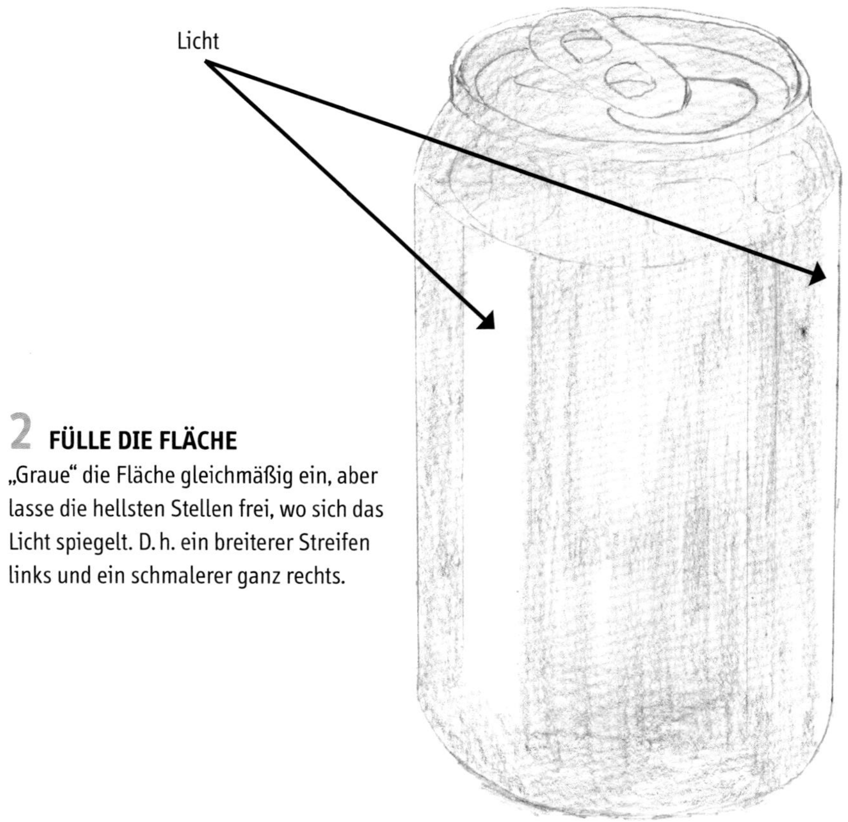

2 FÜLLE DIE FLÄCHE

„Graue“ die Fläche gleichmäßig ein, aber lasse die hellsten Stellen frei, wo sich das Licht spiegelt. D. h. ein breiterer Streifen links und ein schmalerer ganz rechts.

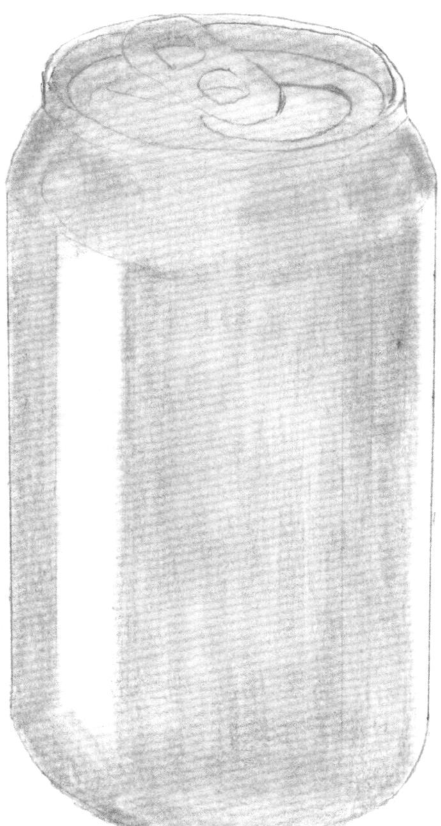

»LICHT UND SCHATTEN MACHEN DIE DOSE LEBENDIG.«

3 DAS GRAU VERSCHMELZEN

Das Ganze kannst du nun verwischen, aber achte darauf, dass deine Markierungen, an denen du dich orientierst, nicht ganz verloren gehen. Die Kunst liegt darin, auch einem starren Motiv Leben einzuhauchen.

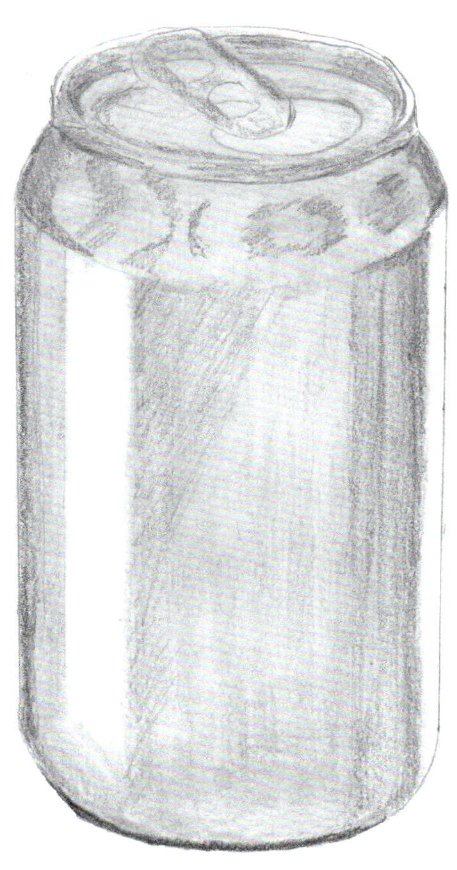

4 KONTRASTE HERAUSARBEITEN

Nun nimm deinen 6B Bleistift und bringe ein wenig mehr Kontrast auf die Dose. Ganz rechts haben wir einen weißen Streifen und gleich daneben zeichnen wir nach und nach einen sehr dunklen Streifen. Das ist bei Metall immer eine knifflige Sache.
Weiß neben Schwarz und dann alles auch noch verbinden.
Der innere Raum oben auf der Dose ist wie bei der Vase (Lektion 6, Seite 24): links und rechts zeichnen wir den inneren Ring dunkler. Unten bekommt die Dose eine dunklere Linie, so wird alles noch räumlicher.

Lass einen weißen Ring auf dem Dosenrand. Das gibt einen eindrucksvollen Beleuchtungseffekt. Mit dem Elektro-Radierer kann man den allerdings auch ganz zum Schluss einfügen. Ist doch klasse, welche Freiheit man dadurch beim Zeichnen bekommt.

»IST ES NICHT BEEINDRUCKEND, WAS DU SCHON KANNST?«

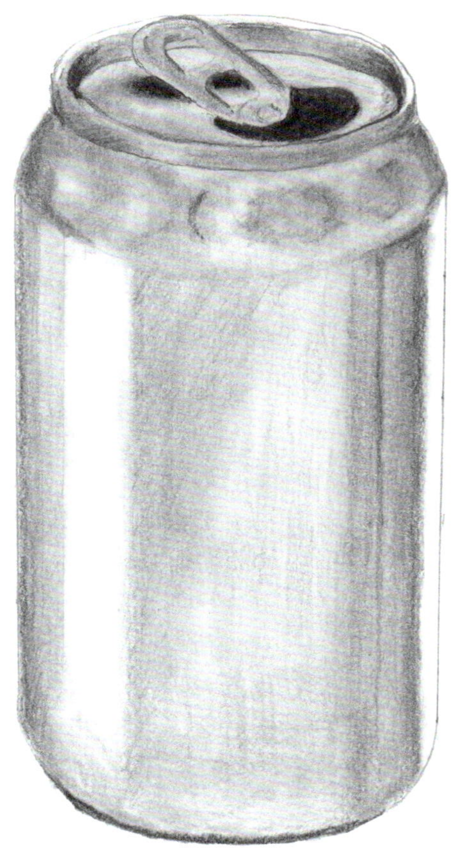

5 TIEFSCHWARZE BEREICHE

Jetzt kommt der 8B Stift ins Spiel. Was du bereits vorher dunkler gemacht hast, machst du mit diesem weichen Bleistift noch dunkler. Das Loch in der Dose zeichnest du damit tiefschwarz.

Sieh dir meine Zeichnung und die Hell-Dunkel-Verteilung genau an. Vielleicht stellst du auch eine echte Dose vor dich hin.

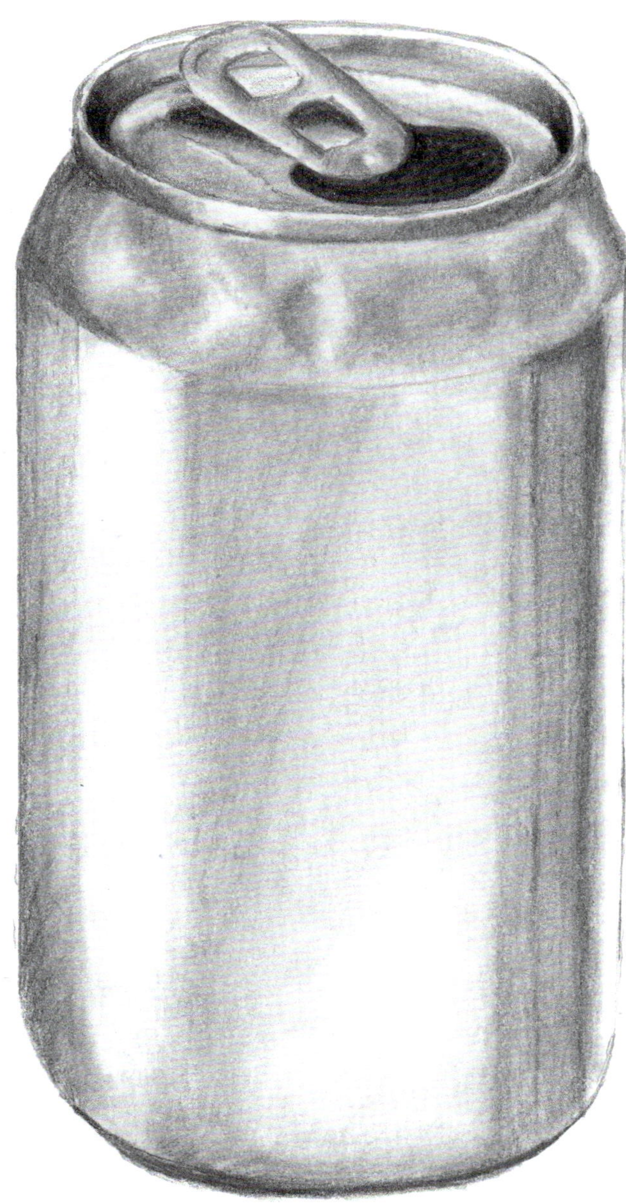

6 DU HAST ES FAST GESCHAFFT!

Für die Feinarbeit von Licht und Schatten nutze den Elektro-Radierer oder den Knetradiergummi. Was zu dunkel ist, kannst du mit dem Knetradiergummi etwas heller tupfen. Der weiße Rand lässt sich problemlos mit dem Elektro-Radierer radieren.

Vergiss nicht, die Flächen, die du nachträglich mit dem Bleistift eingezeichnet hast, zu verwischen. Und dann bist du fertig!

»DAS HAST DU SUPER GEMACHT!«

Da möchte ich dir noch einmal genau die Feinheiten im Video zeigen. Also schau mir über die Schulter und los geht's.

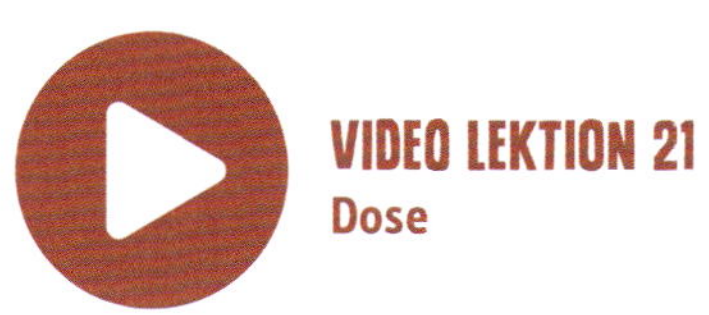

VIDEO LEKTION 21
Dose

LEKTION 22: WASSERGLAS

DAS BRAUCHST DU:

HB Bleistift und
Bleistifte in 6B und 8B
schwarzer Fineliner
weißes Papier

VORLAGE:

Seite 123

Das wird nun unser letztes großes Motiv werden. Doch noch sind wir nicht am Ende. Also, hast du Lust loszulegen? Super, auf geht's. Ich möchte ein Wasserglas mit dir zeichnen. Das wird ein raffiniertes Bild mit Dynamik. Dazu werden wir einen **schwarzen Fineliner** nutzen.

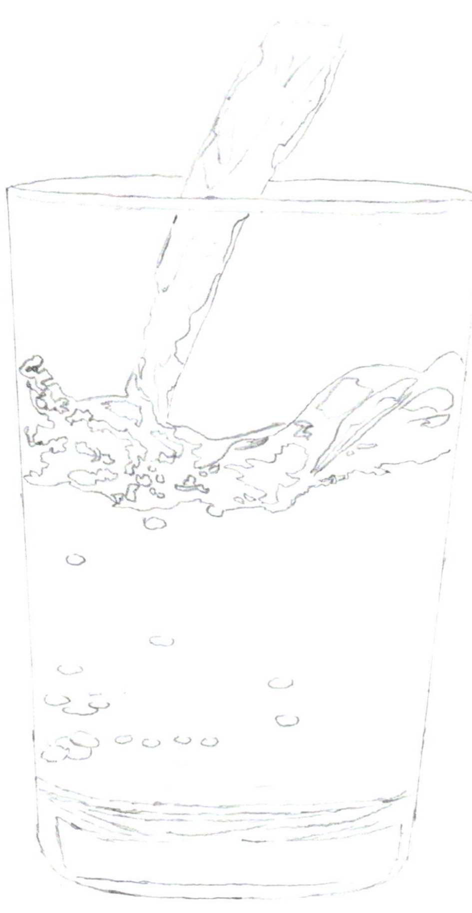

1 WASSERGLAS SKIZZIEREN

In dieses Glas soll von oben Wasser fließen. Sieh es dir genau an und mache deine eigenen Skizze oder nimm die Vorlage zur Hilfe.

»JETZT GEBEN WIR NOCHMAL ALLES!«

Das Wasser ist quasi eine Bewegung. Achte darauf, dass kleine Löcher beim Einschwärzen entstehen. Diese können wir später heller füllen oder ganz frei lassen.

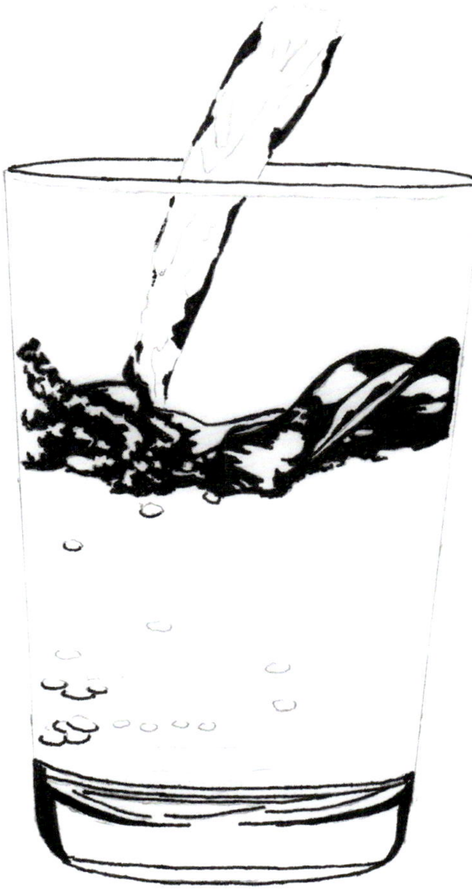

2 MIT DEM FINELINER ARBEITEN

Anstatt nun mit dem Bleistift das Motiv „einzugrauen“, nutzen wir den schwarzen Fineliner und schwärzen das Wasser und tiefe Bereiche im Glas. Ein paar Luftblasen kannst du schon mal ein wenig schwarz umrunden. Aber übertreibe es nicht. Wenn es zu stark ist, wirkt es aufgesetzt.

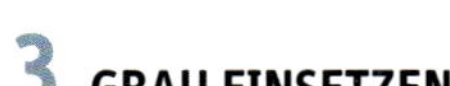

3 GRAU EINSETZEN

Dann kannst du mit einem HB Stift die Ränder und den Boden „eingrauen“. Auch das Wasser kann einen Schuss Grau vertragen.

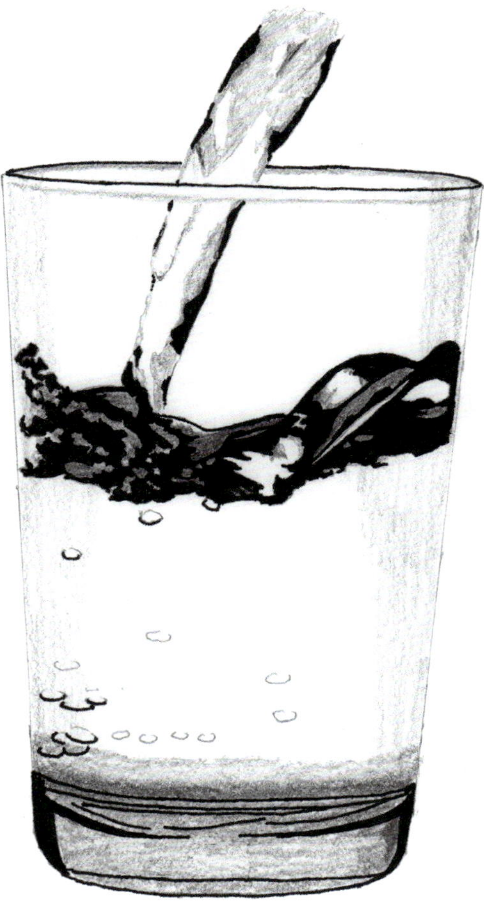

»HIER ZEIGT SICH, WER GEFÜHL HAT!«

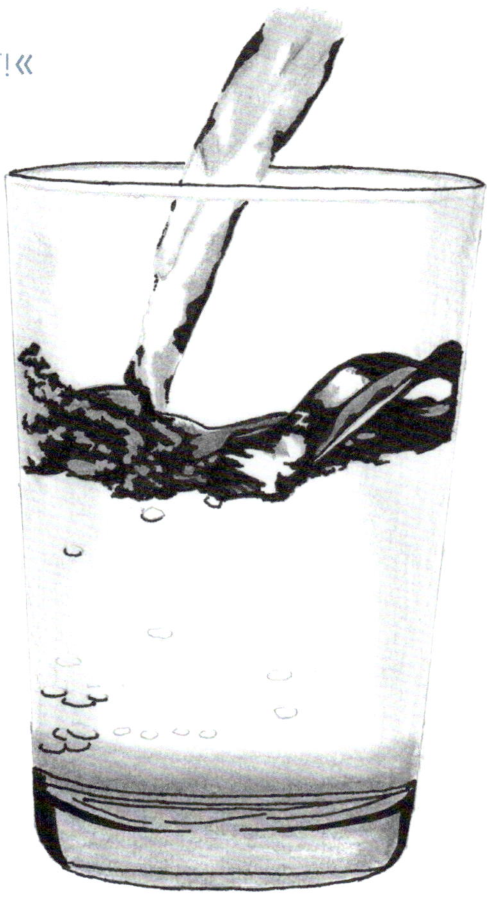

4 MIT DEM PINSEL VERWISCHEN

Wenn du das erledigt hast, kommt – wer hätte das gedacht – das Verwischen wieder dran. Aber hier wirklich sanft die Ränder hin zur Mitte ins Weiß verwischen. Dafür empfehle ich dir den Pinsel.

MEIN ZEICHENFREUNDE! Im Anschluss folgen noch ein paar Zusatzkapitel. Aber ich möchte mich schon hier einmal bei dir bedanken. Ich habe mich sehr gefreut, dass du mit mir deine Reise des Zeichnens gegangen bist. Du hast dich von Lektion zu Lektion gesteigert und wurdest immer besser. Was undenkbar war, ist für dich nun eine Leichtigkeit.
Ich hoffe, das Zeichnen ist mittlerweile zu einer großen Bereicherung in deinem Leben geworden.
Du genießt das Zeichnen und deine Zeit. Nimmst dir mal eine Auszeit und schaltest ab. Es ist dein Leben. Genieße es! Sei stolz auf dein Können, das du dir angeeignet und dir hart erarbeitet hast. Das gehört nun dir und kann dir keiner mehr nehmen.
Ich hoffe, meine Methoden und Ideen haben dir Spaß gemacht und waren verständlich.
Mit dieser „Grundausbildung“ hast du das Können, um frei entscheiden zu können, wohin es nun mit dir weitergeht. Möchtest du lieber Porträts, Landschaften, Stillleben,
Tiere oder was ganz anderes zeichnen?
Bist du auf unserer Reise auf ein Motiv gestoßen, das dir am meisten Spaß gemacht hat? Von dem du sagen könntest, ja, solche Bilder möchte ich zeichnen. Mehr davon!

Ich wünsche dir ganz viel Freude und alles Gute auf deinem weiteren Zeichenweg, dein Chris

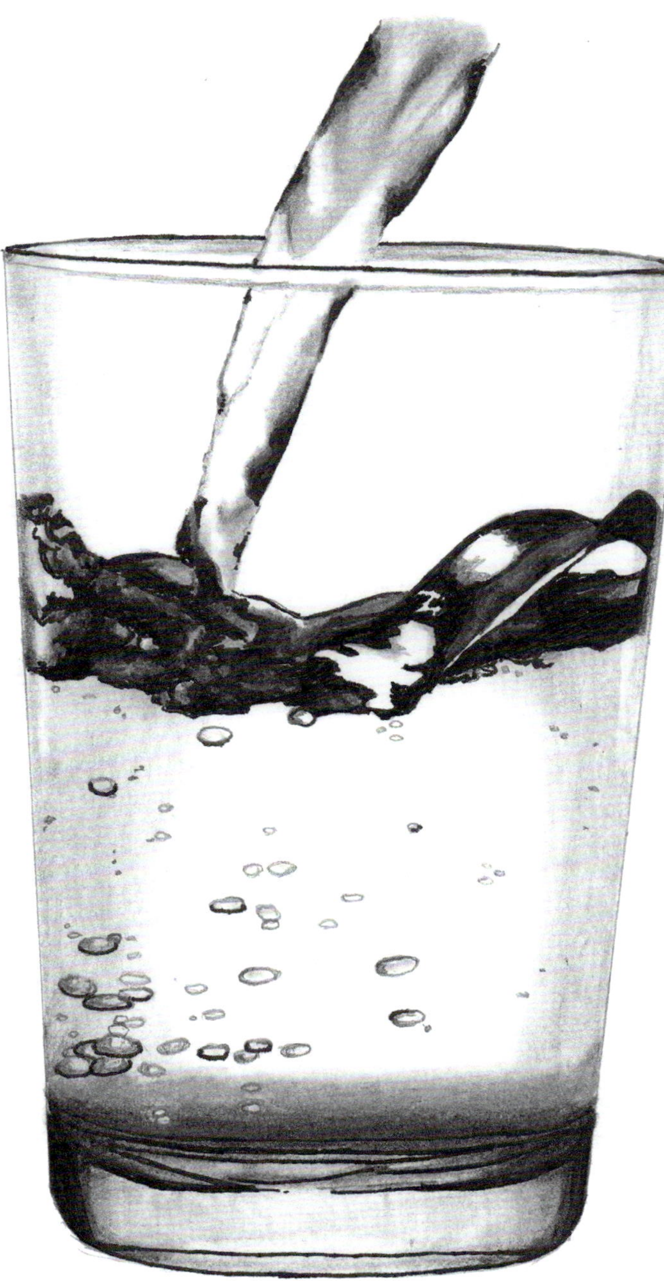

5 WEITERE DETAILS EINARBEITEN

Du kannst den Boden im Glas mit dem 6B Stift stärker betonen und auch mehr Luftblasen zeichnen. Achte darauf, dass sie unterschiedlich groß sind.
Die leeren Flächen im Wasser, die wir vorhin schwarz gezeichnet haben, füllen wir mit dunklem Grau. Genauso verstärken wir das Grau beim Wasser, das ins Glas läuft. Dadurch erhöhen wir den Kontrast. Und schon hast du dein letztes Bild in diesem Buch vollendet.

Schau dir mein Video zu dieser Lektion an und sieh mir über die Schulter, wie ich Fineliner und Bleistifte kombiniere.

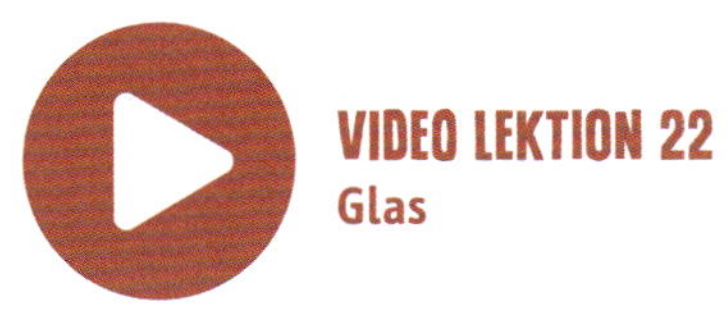

VIDEO LEKTION 22
Glas

LEKTION 23: BLACKBOX

DAS BRAUCHST DU:

Karton
schwarzer Bastelkarton
Schere
Klebstoff
Klebeband
Schreibtischlampe

Ich möchte dir als Bonus noch etwas Spannendes zeigen, das ich Blackbox nenne.
Wenn du ein tolles Stillleben zeichnen möchtest, ist ein passendes Motiv gar nicht so leicht zu finden. Deshalb zeige ich dir, wie man selbst tolle Bilder zusammenstellen kann.
Als Grundlage dient ein Karton. Ein Schuhkarton zum Beispiel oder einen, den du vielleicht vom Postboten bekommen hast. Den Karton kleidest du dann mit schwarzem Bastelkarton aus.

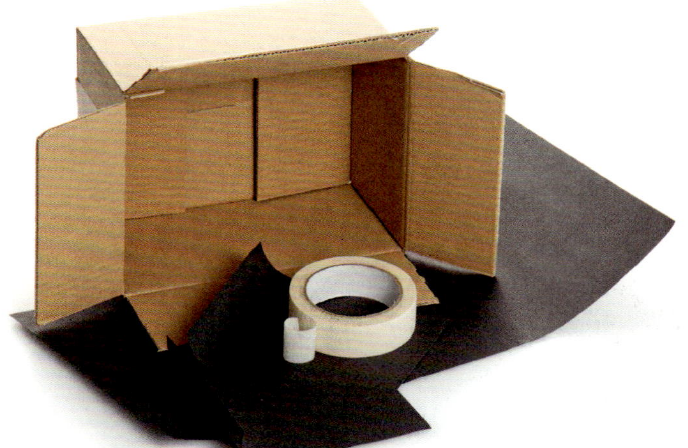

1 MATERIAL
Um die Blackbox zu bauen, brauchst du eine nicht allzu große Schachtel und schwarzes Tonpapier oder schwarzen Bastelkarton. Zum Befestigen verwende ich Klebstoff und Klebeband.

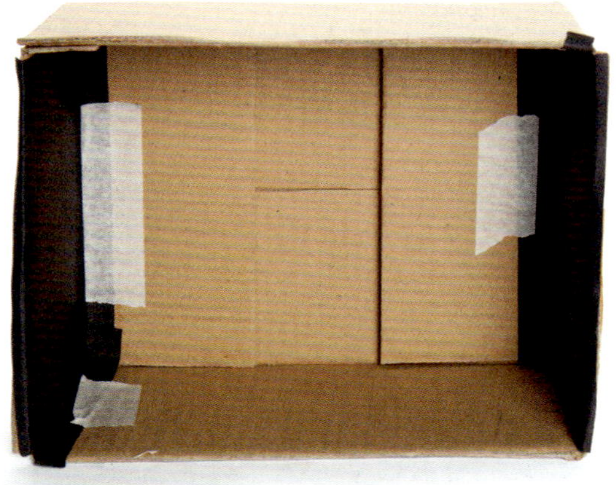

2 SEITEN BEKLEBEN
Fange mit den Seitenteilen an. Schneide das Tonpapier zu, bestreiche es mit Klebstoff und fixiere es mit Klebeband. So geht es am einfachsten und das Klebeband sieht später niemand mehr.

»BLACK IN BLACK!«

»NUN WIRD ES GANZ SCHWARZ!«

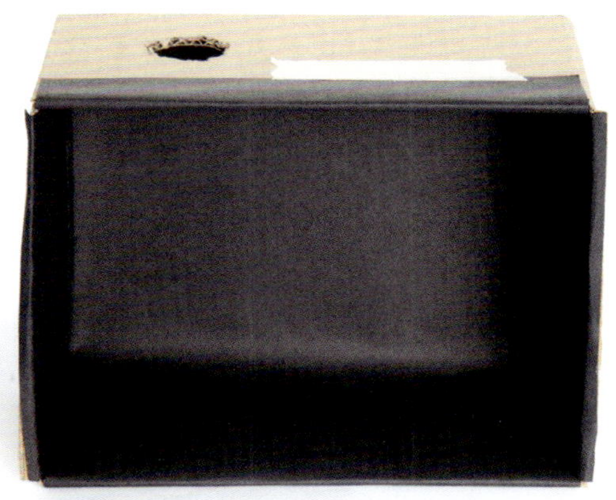

3 RÜCKSEITE VERKLEIDEN

Mit dem schwarzen Karton verkleiden wir die obere Fläche, die Rückseite und die untere Fläche in einem Arbeitsschritt. Du musst dafür keinen Preis gewinnen, es muss nur im Inneren der Schachtel sehr schwarz sein. Je nachdem von wo du das Licht haben möchtest, schneidest du ein Loch in die Seiten des Kartons. Ich möchte es von oben links scheinen lassen, also schneide ich in die obere Seite ein Loch.

So hast du einen tollen neutralen Raum. Hier kannst du einen Gegenstand oder mehrere platzieren.

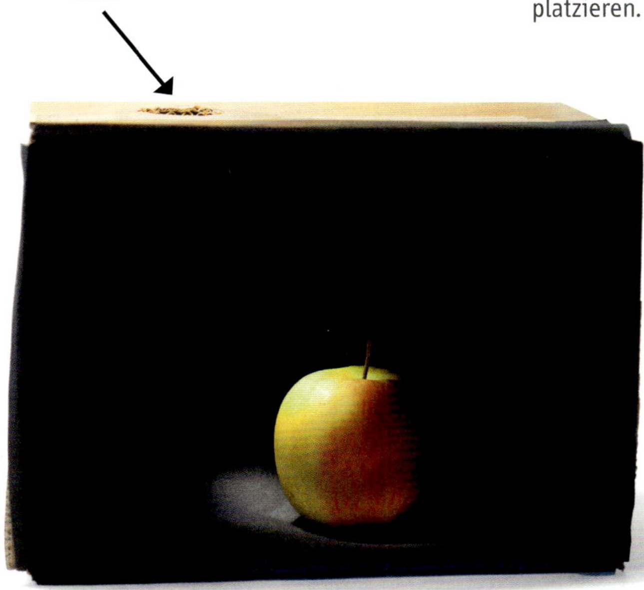

4 LICHT UND SCHATTEN

Wenn du nun das Licht deiner Schreibtischlampe in das Loch leuchten lässt, fällt dort ein Lichtkegel nach unten auf deine Objekte. So kannst du Licht und Schatten steuern. Du kannst dann direkt das Motiv zeichnen oder von deinem Stillleben ein Foto machen.

DU SOLLTEST ES UNBEDINGT AUSPROBIEREN und dir eine Blackbox basteln. So bekommst du ein gutes Gefühl für Licht und Schatten.

MEIN MATERIAL

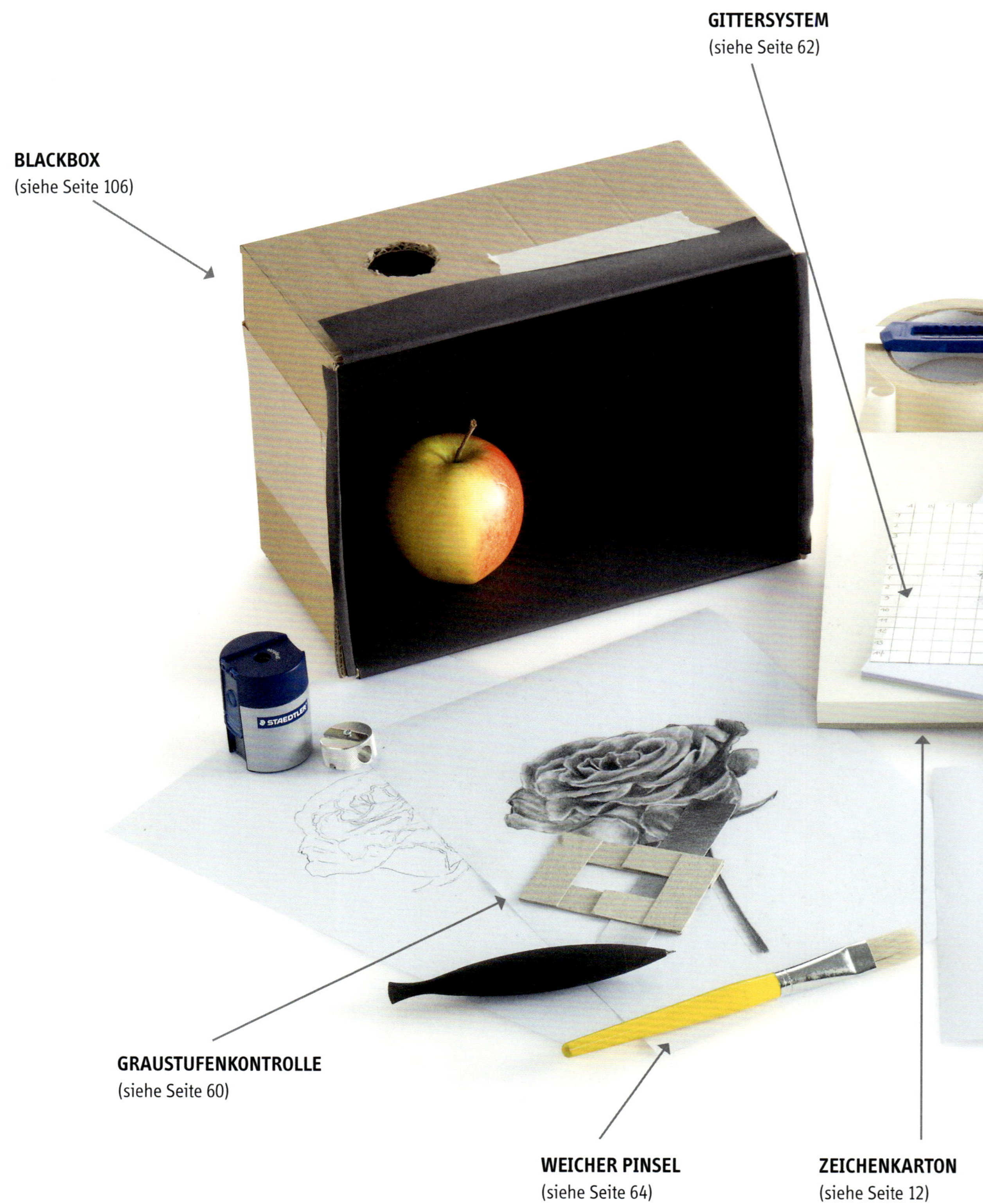

GITTERSYSTEM
(siehe Seite 62)

BLACKBOX
(siehe Seite 106)

GRAUSTUFENKONTROLLE
(siehe Seite 60)

WEICHER PINSEL
(siehe Seite 64)

ZEICHENKARTON
(siehe Seite 12)

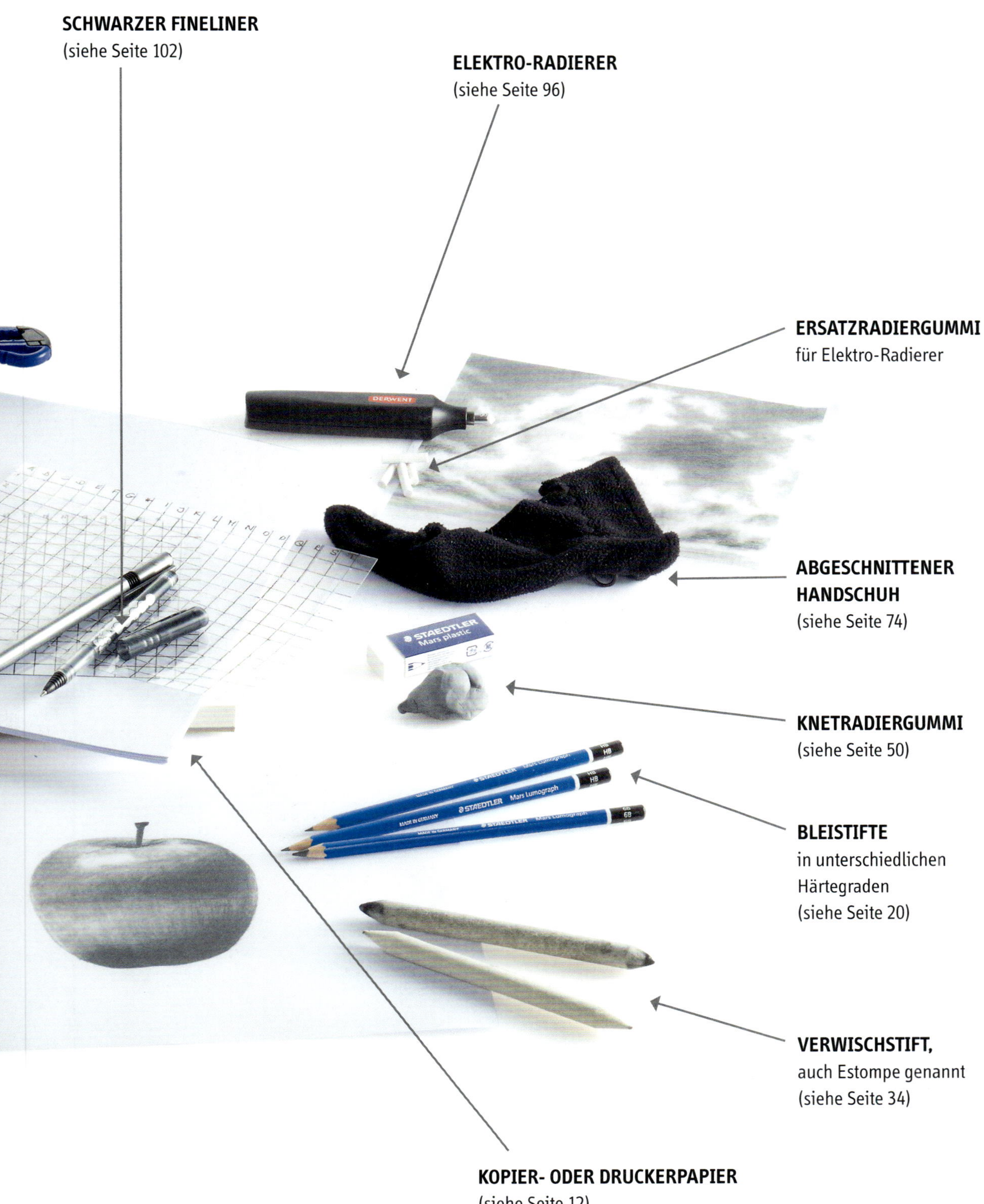
SCHWARZER FINELINER
(siehe Seite 102)
ELEKTRO-RADIERER
(siehe Seite 96)
ERSATZRADIERGUMMI
für Elektro-Radierer
ABGESCHNITTENER HANDSCHUH
(siehe Seite 74)
KNETRADIERGUMMI
(siehe Seite 50)
BLEISTIFTE
in unterschiedlichen Härtegraden
(siehe Seite 20)
VERWISCHSTIFT,
auch Estompe genannt
(siehe Seite 34)
KOPIER- ODER DRUCKERPAPIER
(siehe Seite 12)
DERWENT
STAEDTLER
Mars plastic
STAEDTLER Mars Lumograph
HB
6B

ZEICHNEN KANN MAN ÜBERALL

Um in Ruhe zeichnen zu können, ist ein Raum an den man sich zurückziehen kann super. Hier sollte eine gewisse Ordnung herrschen. Das erleichtert das Arbeiten, da du nicht immer suchen musst. Dabei ist es aber nicht schlimm, wenn Material herumliegt. Es sollte allerdings nichts über deine Zeichnung rollen. Das Graphit des Bleistifts verwischt sich leicht und es kann passieren, dass du dein Bild ruinierst. Am Ende bist du sauer auf dich, dass du deinen Stift nicht doch weiter weg gelegt hast.

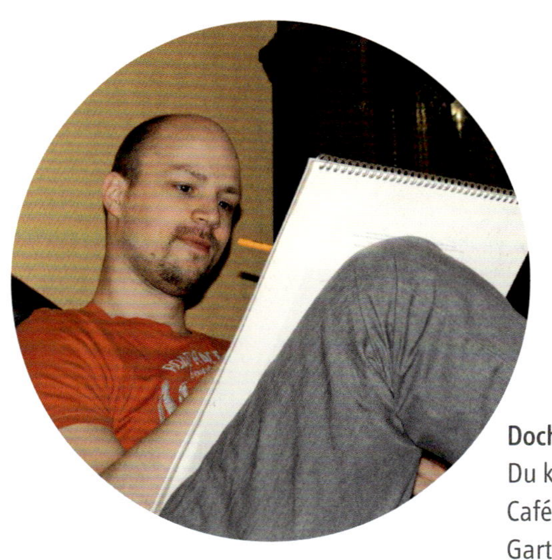

IN DER WOHNUNG
Selbst das eigene Sofa kann zum Abschalten und zum Zeichnen dienen. Probiere es einfach aus.

Doch hey! Nicht nur die Wohnung ist zum Zeichnen geeignet. Du kannst auch nach draußen gehen. An ein Gewässer, in ein Café oder du machst einen Ausflug in einen Wald. Wer einen Garten hat, kann sich auch dorthin zurückziehen und die Ruhe und die Sonne genießen. Ebenso gibt es unterwegs viele Möglichkeiten. Sei es an der Haltestelle oder in der Bahn, die tote Zeit kann gut genutzt werden. Motive zu finden, ist dann kein Problem. Das Material, das du brauchst, ist leicht und handlich: Papier, ein paar Bleistifte und ein Radiergummi. Los geht's!

»ZEICHNE DORT, WO DU DICH AM WOHLSTEN FÜHLST.«

MEIN TIPP FÜR DICH Wenn du einen Platzt findest, wo du dich wohl fühlst beim Zeichnen, behalte ihn. Scheue dich aber nicht, auch einmal etwas Anderes auszuprobieren. Wenn du das nächste Mal in einem Café bist, könntest du ein kleines Bild skizzieren. Ich bin mir sicher, die Menschen um dich herum wird es zu dir ziehen. Du wirst sicher noch weitere schöne Orte finden, die eine Anziehungskraft auf dich ausüben. Genieße es und zeichne einfach für dich.

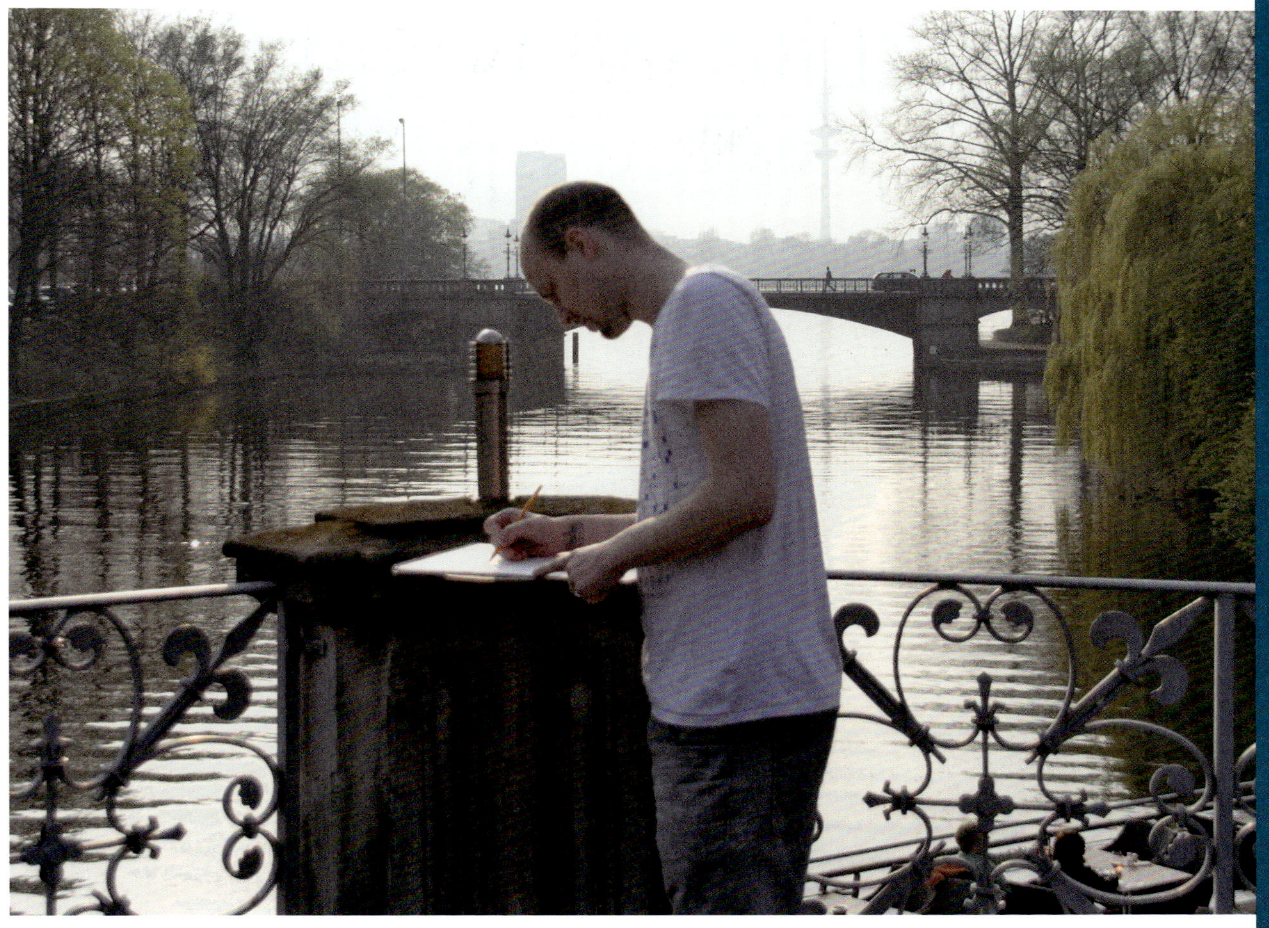

DRAUSSEN
Es ist immer inspirierend, an einem schönen Ort zu zeichnen.

»AUF NACH DRAUSSEN!«

ICH ERINNERE MICH, als ich mit der Bahn unterwegs war. Ich hatte ein paar gezeichnete Bilder dabei, die ich in mein Büro bringen wollte. Mir gegenüber saß jemand und schaute immer wieder auf meine Zeichnungen. Er schaute hin und wieder weg. Als ob er nicht wollte, dass ich es bemerke. Doch irgendwann sprudelte es nur so aus ihm heraus und er fragte mich, ob ich diese Zeichnungen gemacht hätte. Wir kamen ins Gespräch und unterhielten uns über das Zeichnen. Das war ein toller Moment! Du siehst also: Bilder können Menschen öffnen. Es passieren Dinge, die sonst womöglich nicht geschehen. Das ist doch einfach fantastisch!

VORLAGEN

Lass dir von niemandem einreden, dass Vorlagen etwas Schlechtes sind. Von der Vorlage zur Zeichnung ist es noch ein weiter Weg – aber sie hilft enorm gleich einzusteigen. Also, kein Frust auf den ersten Metern! Pause ab, kopiere heraus, scanne ein, verwende das Gitterraster oder den Leuchttisch. Es ist alles O. k. Denn du willst ja nur ganz einfach … zeichnen.

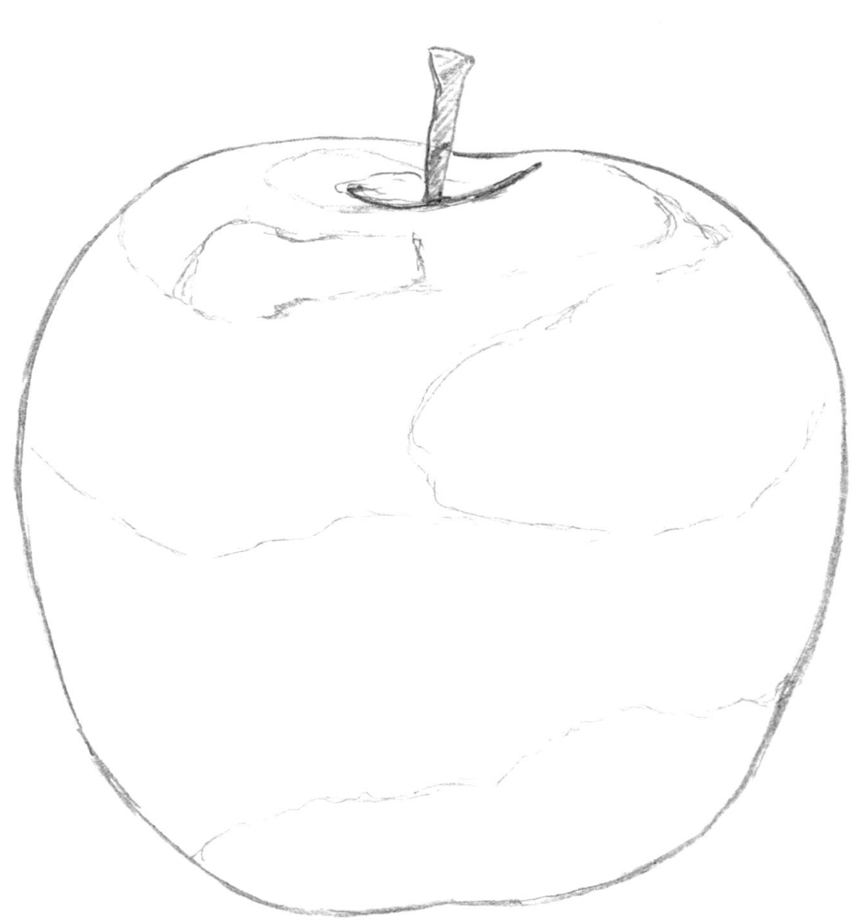

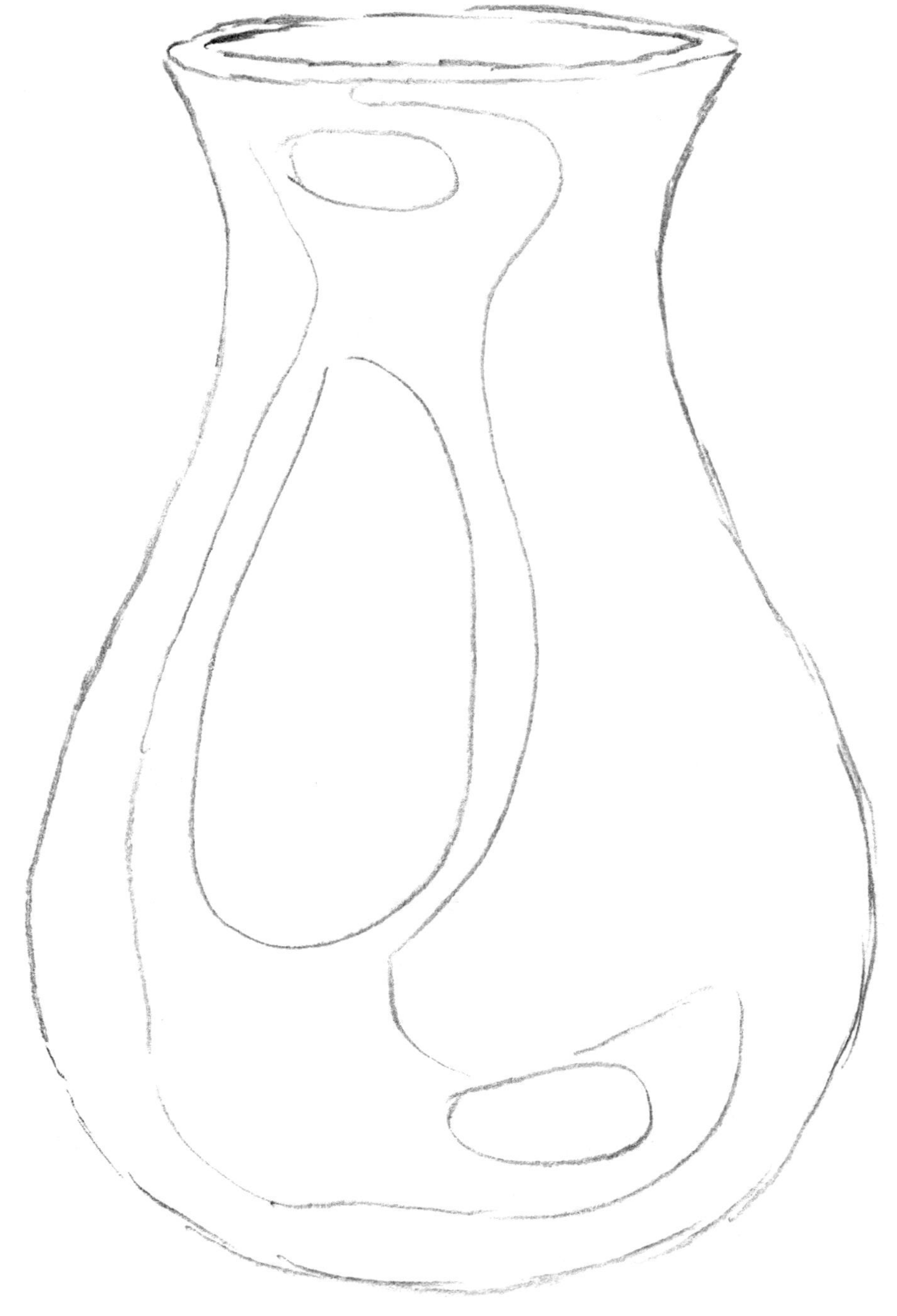

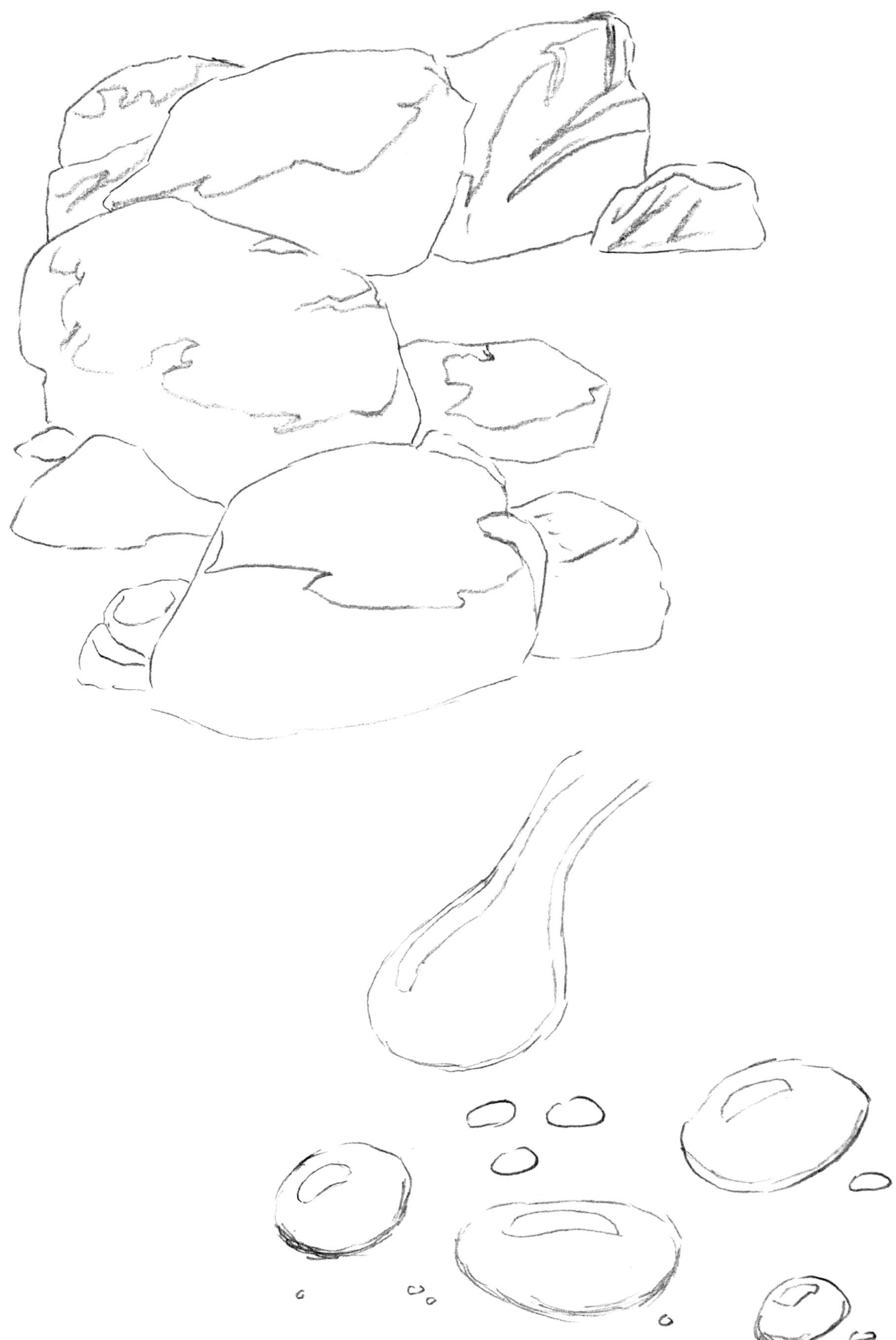

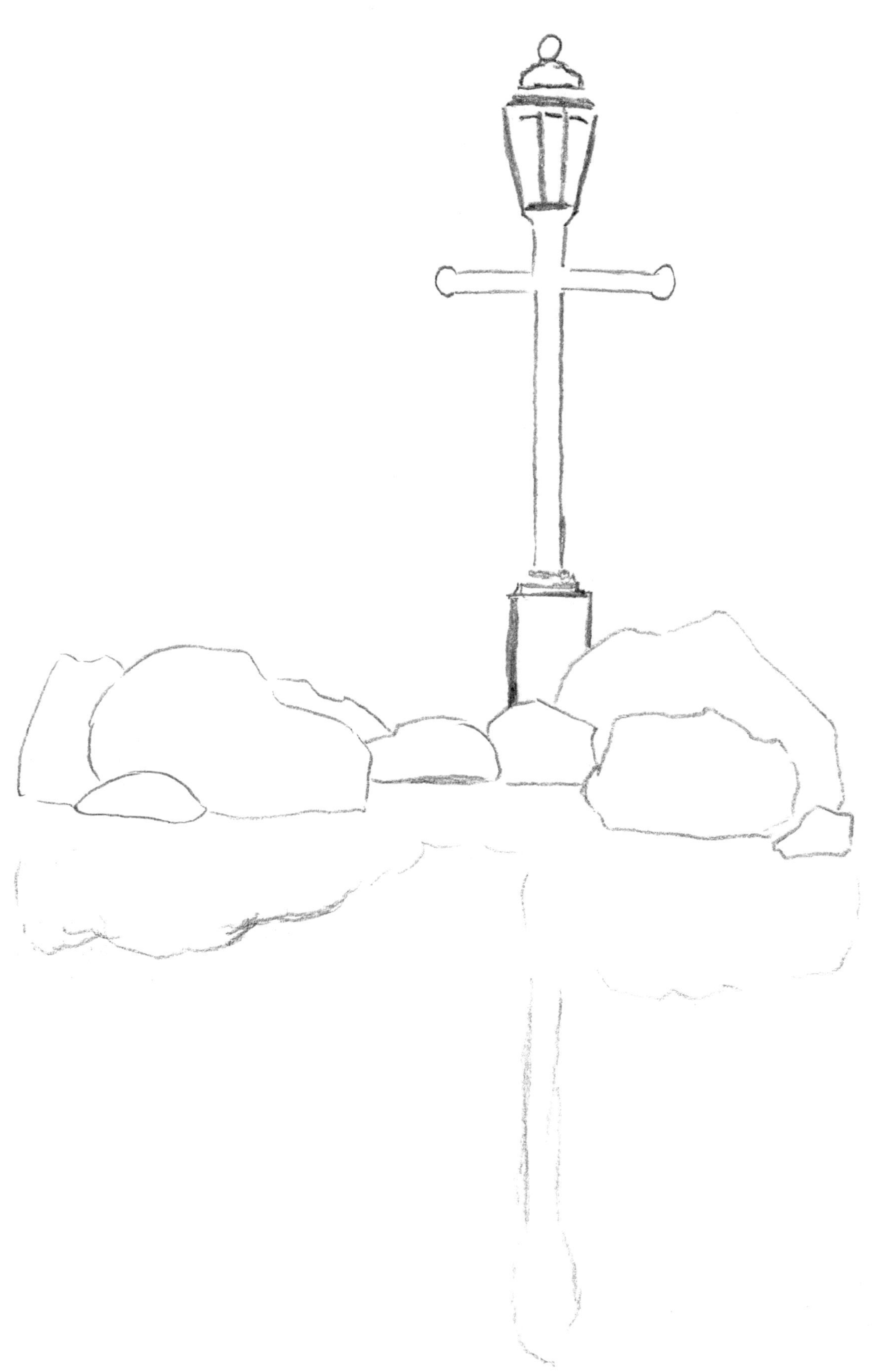

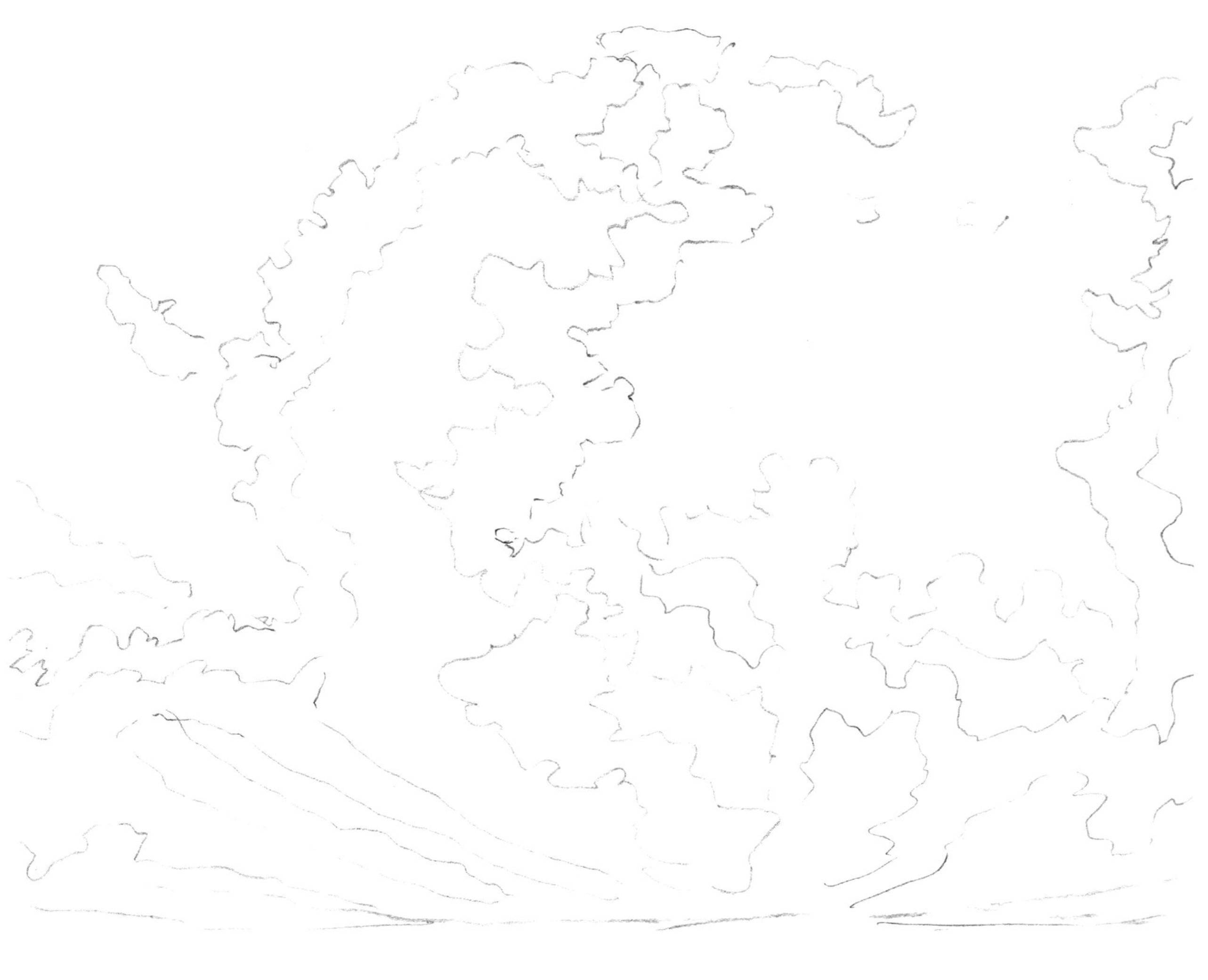

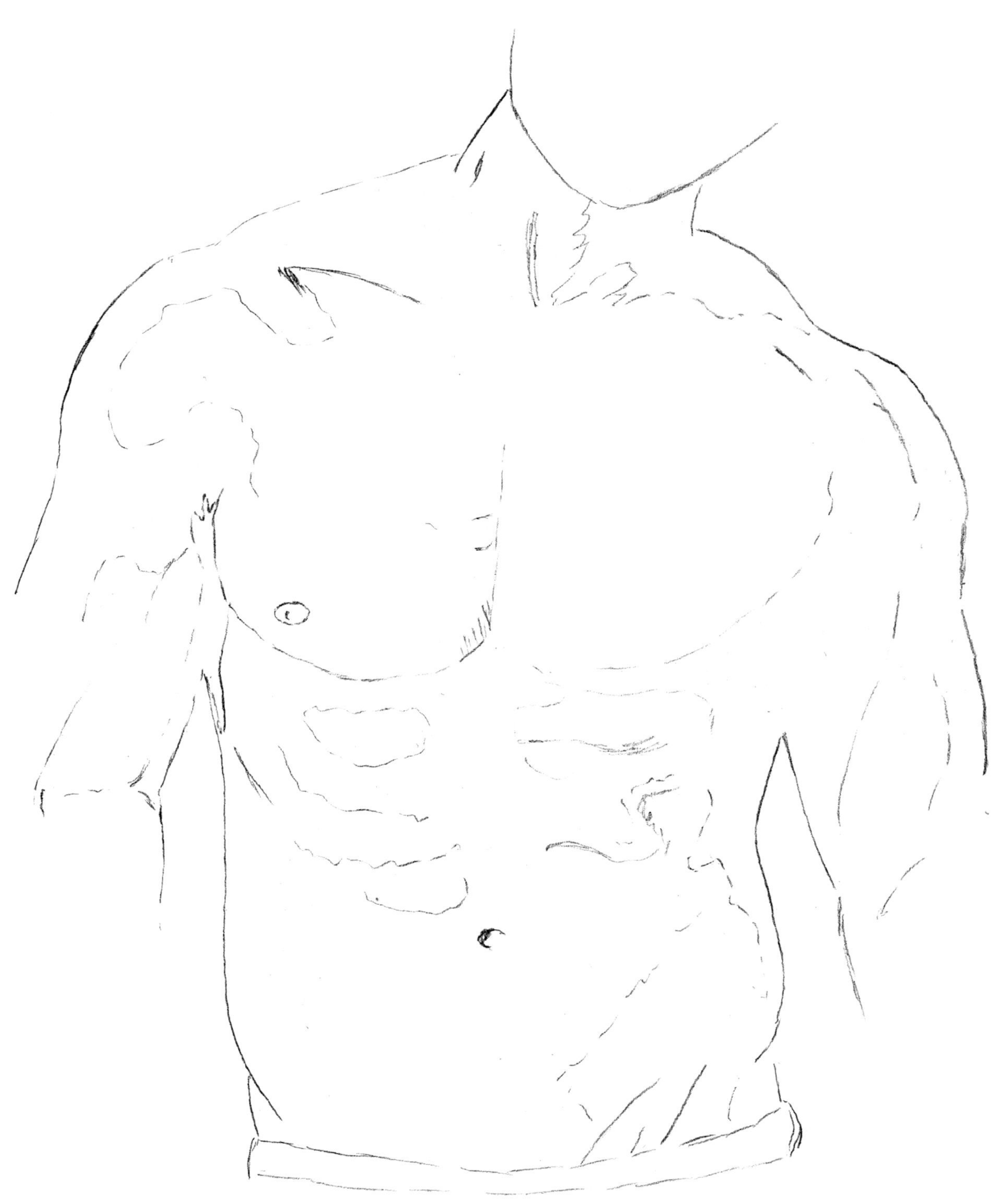

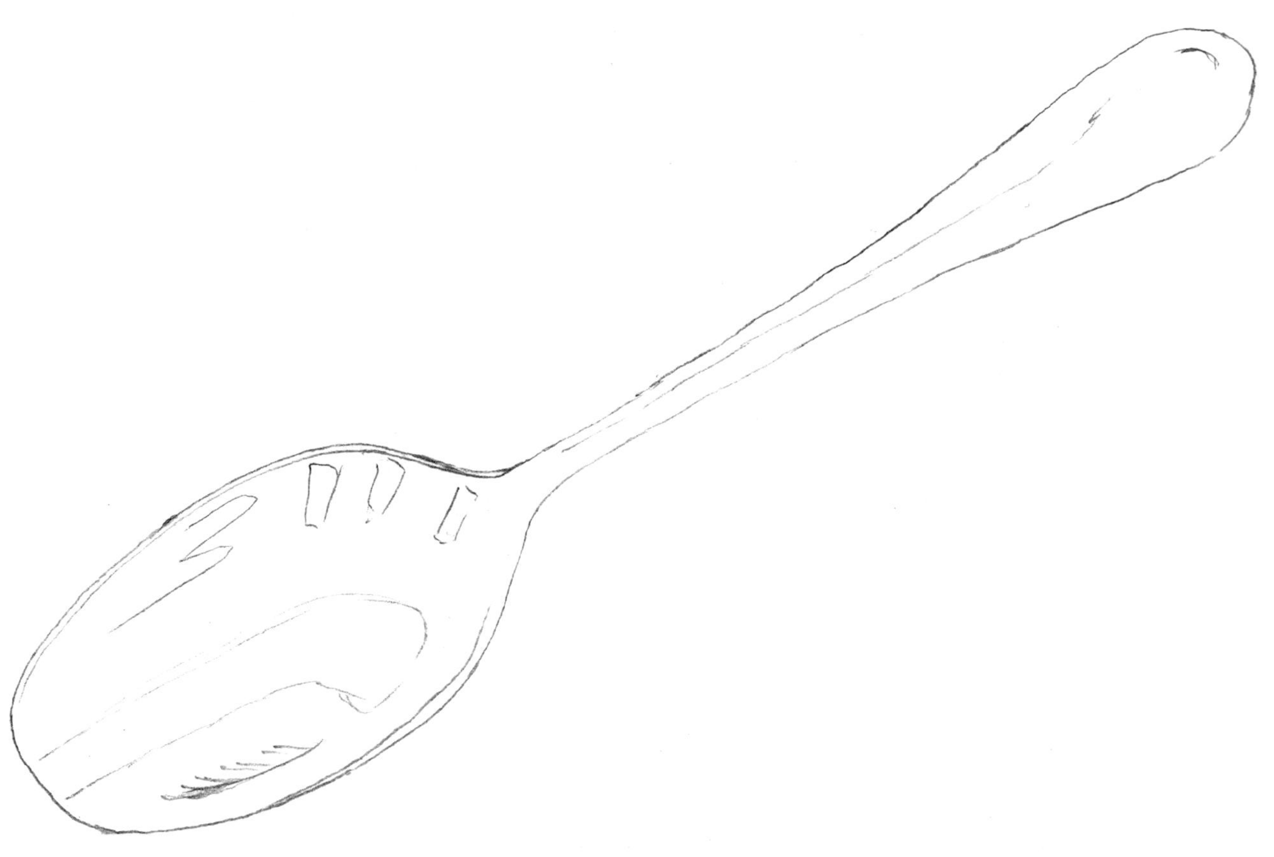

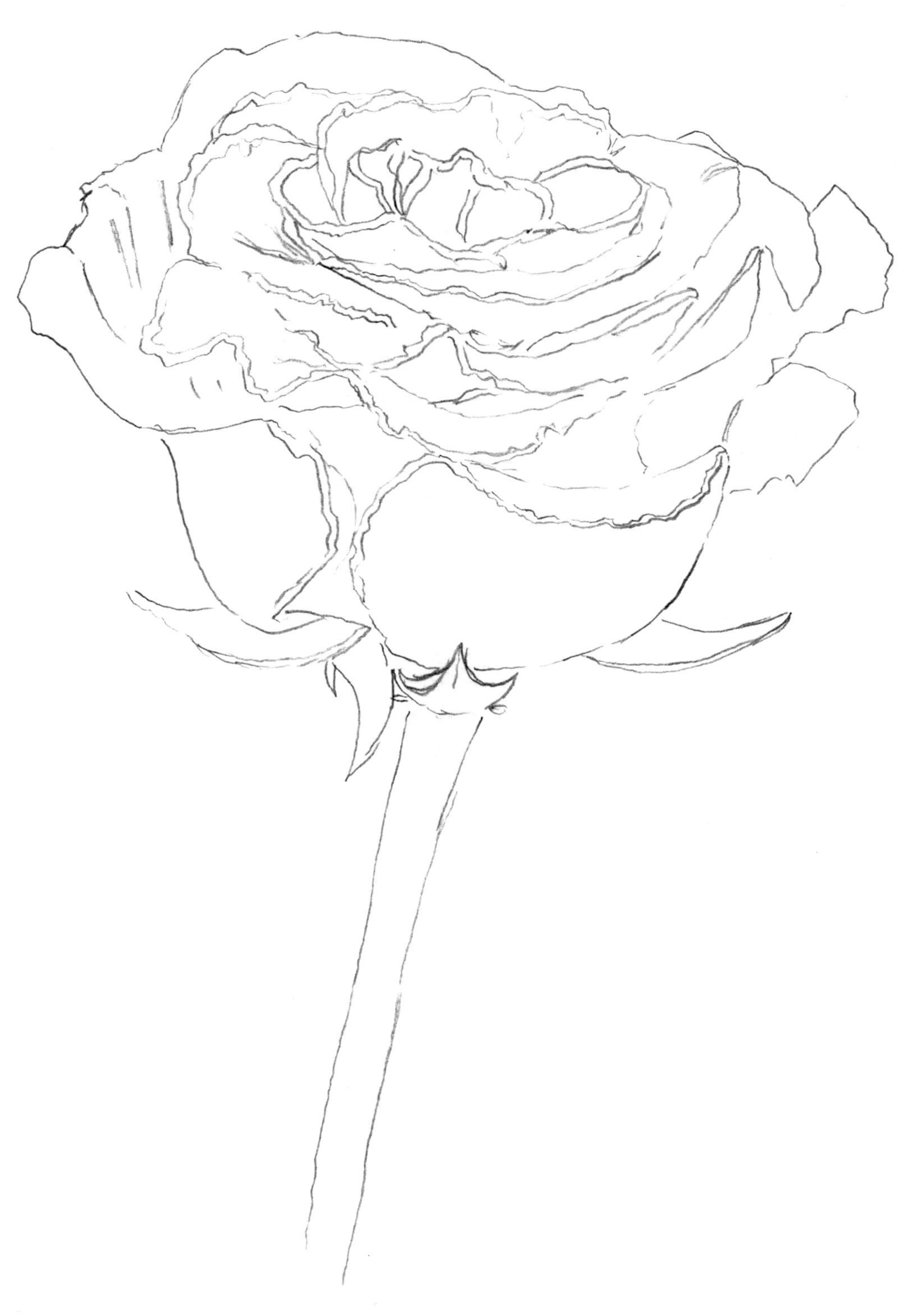

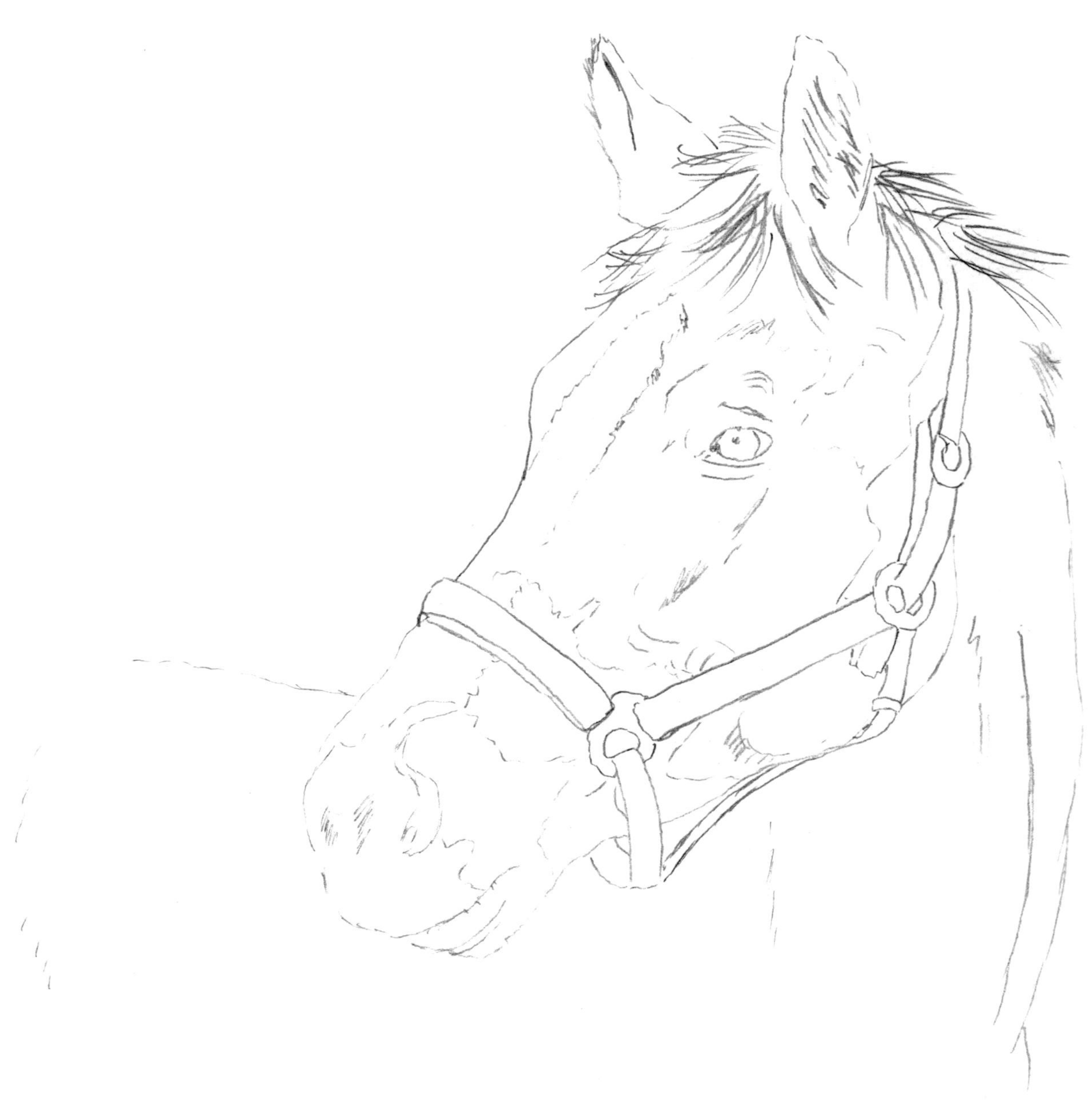

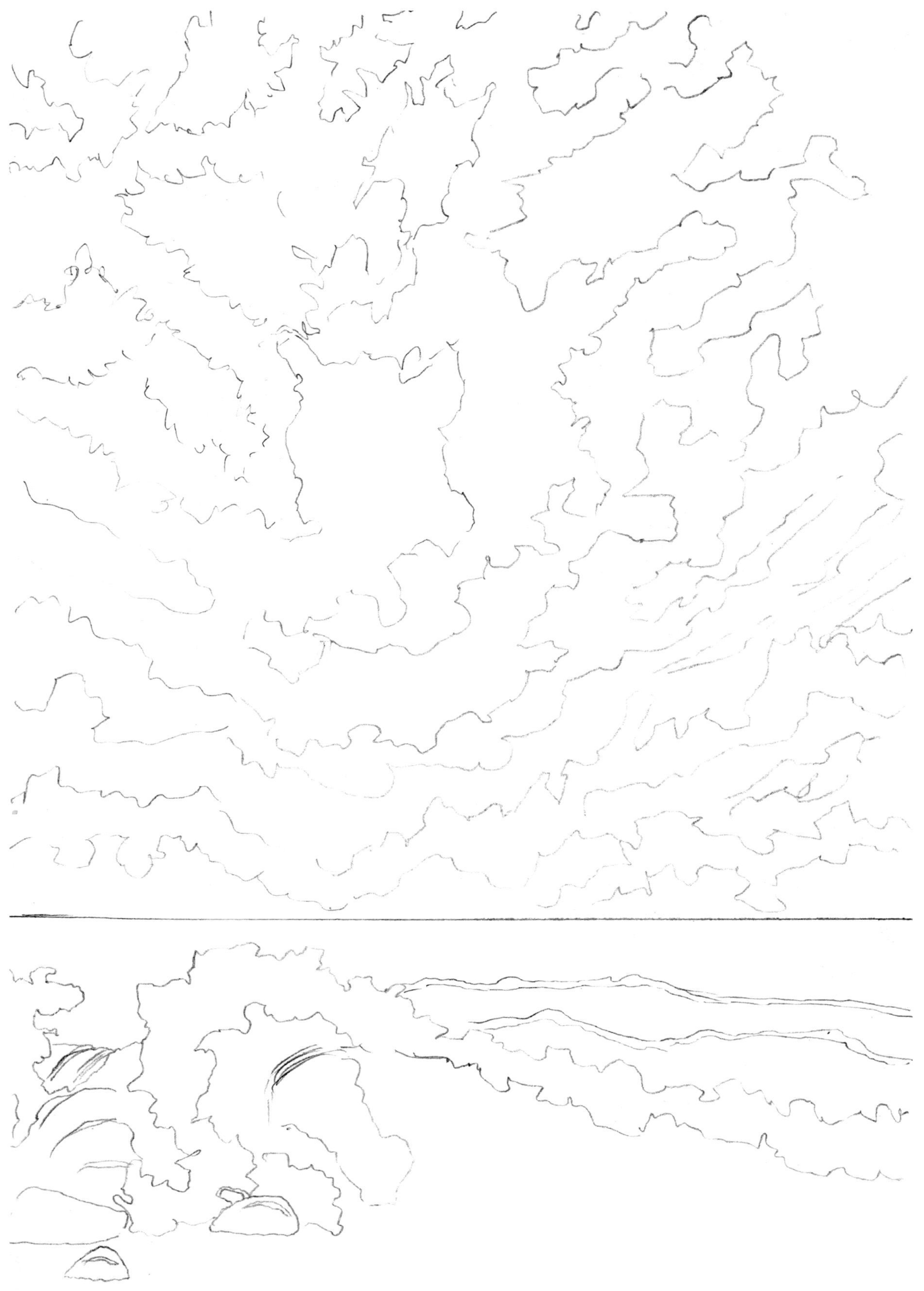

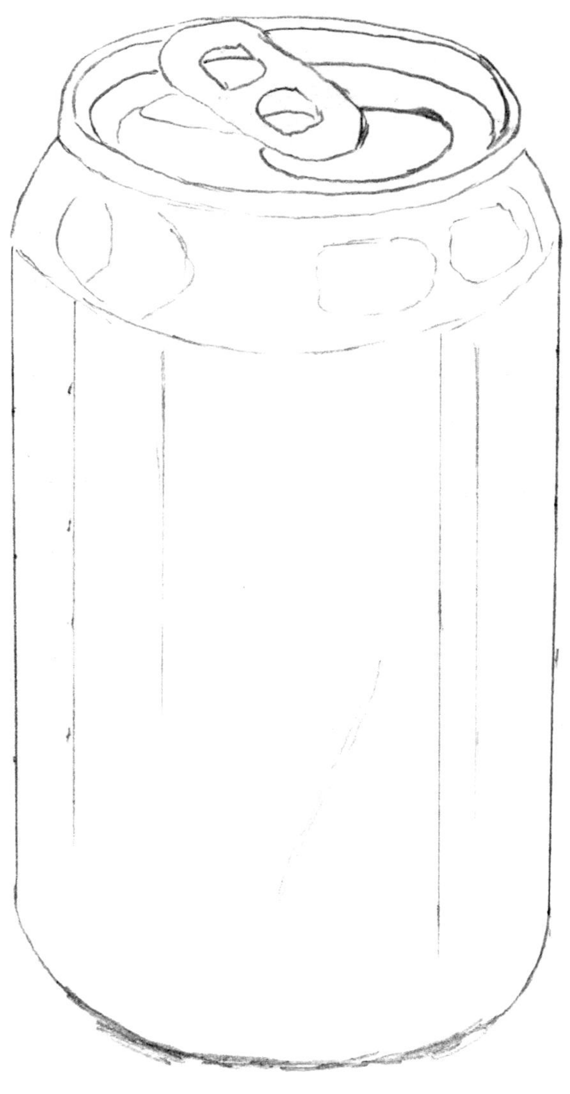

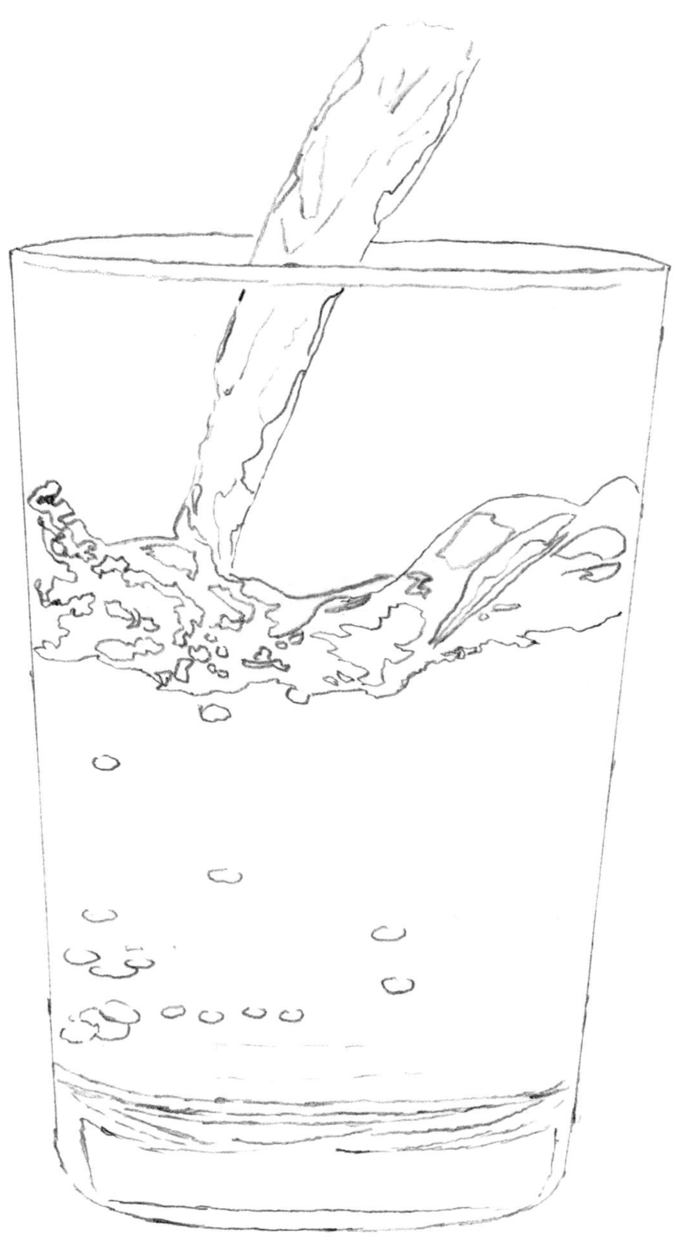

GALERIE

Zeichnen macht Spaß und die Motive gehen mir nie aus. Hier ein paar meiner Zeichnungen.

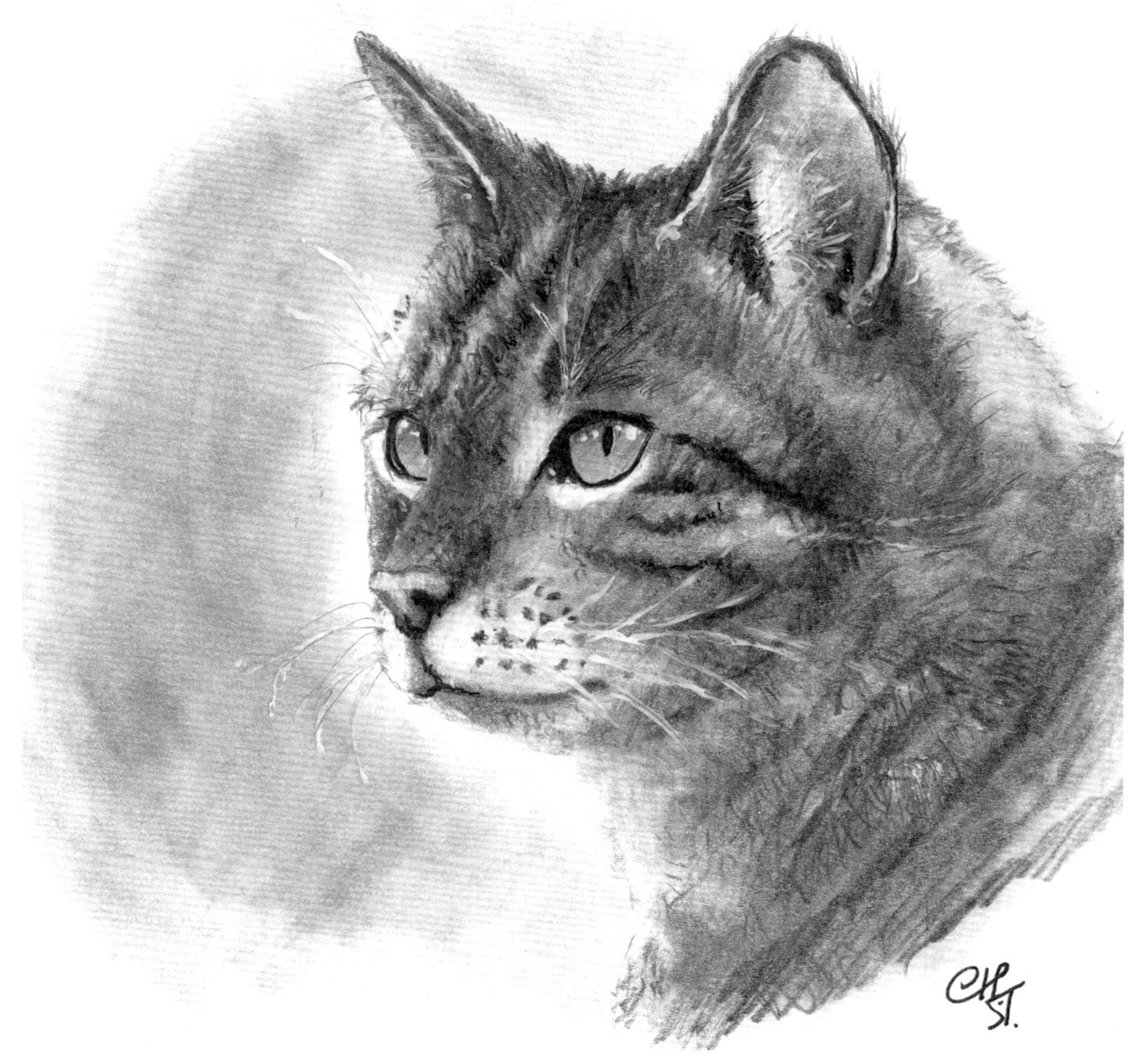

KATZENKOPF
Tiere sind mit das Schwerste. Besonders Fell bringt viele zur Verzweiflung.
Damals kannte ich den Elektro-Radierer noch nicht und behalf mir mit Acrylweiß.

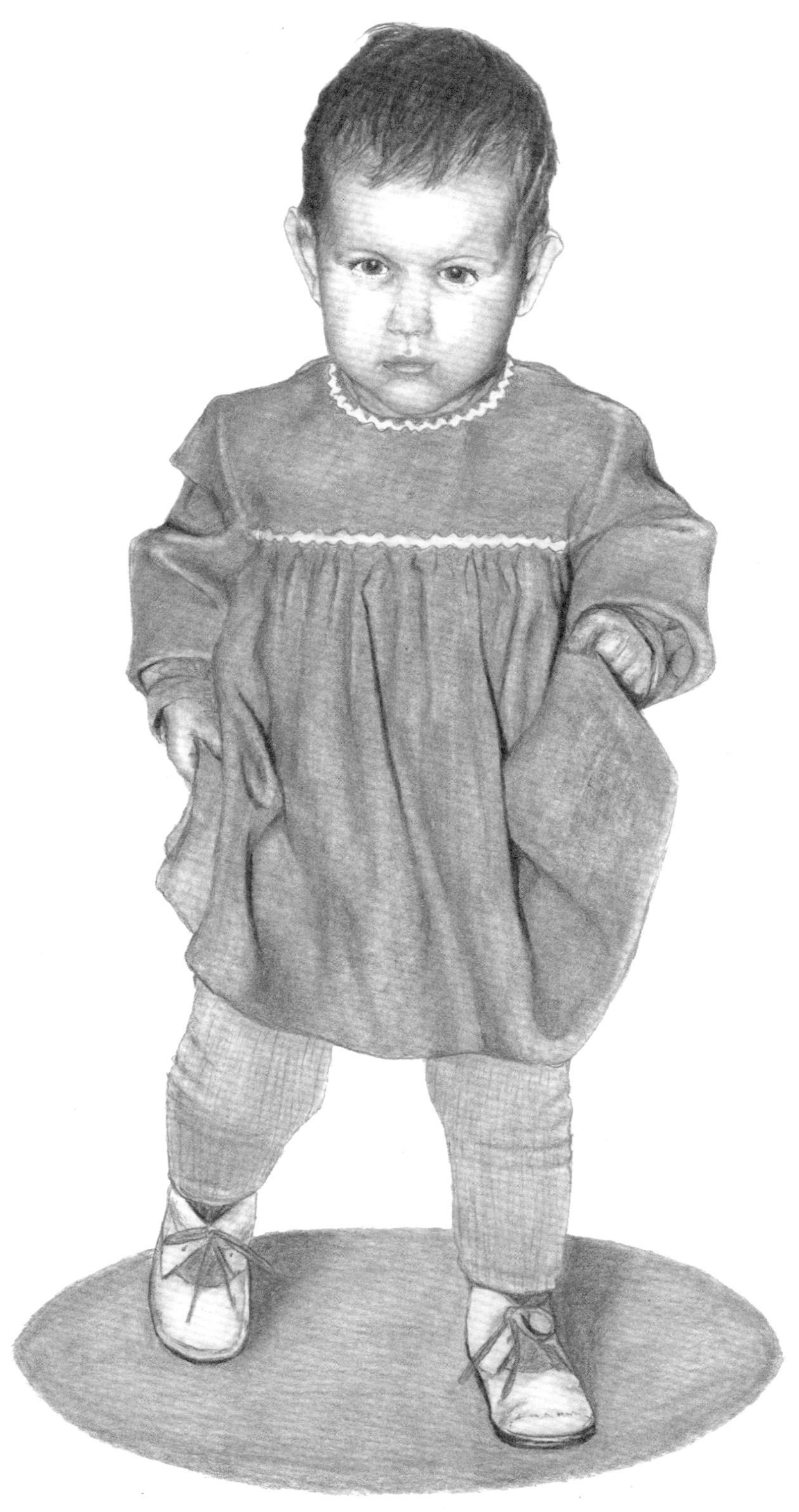

KIND

Mein erstes Kinderportrait. Es ist ein sehr erfüllendes Gefühl, wenn man ein ganzes Bild fertig hat.

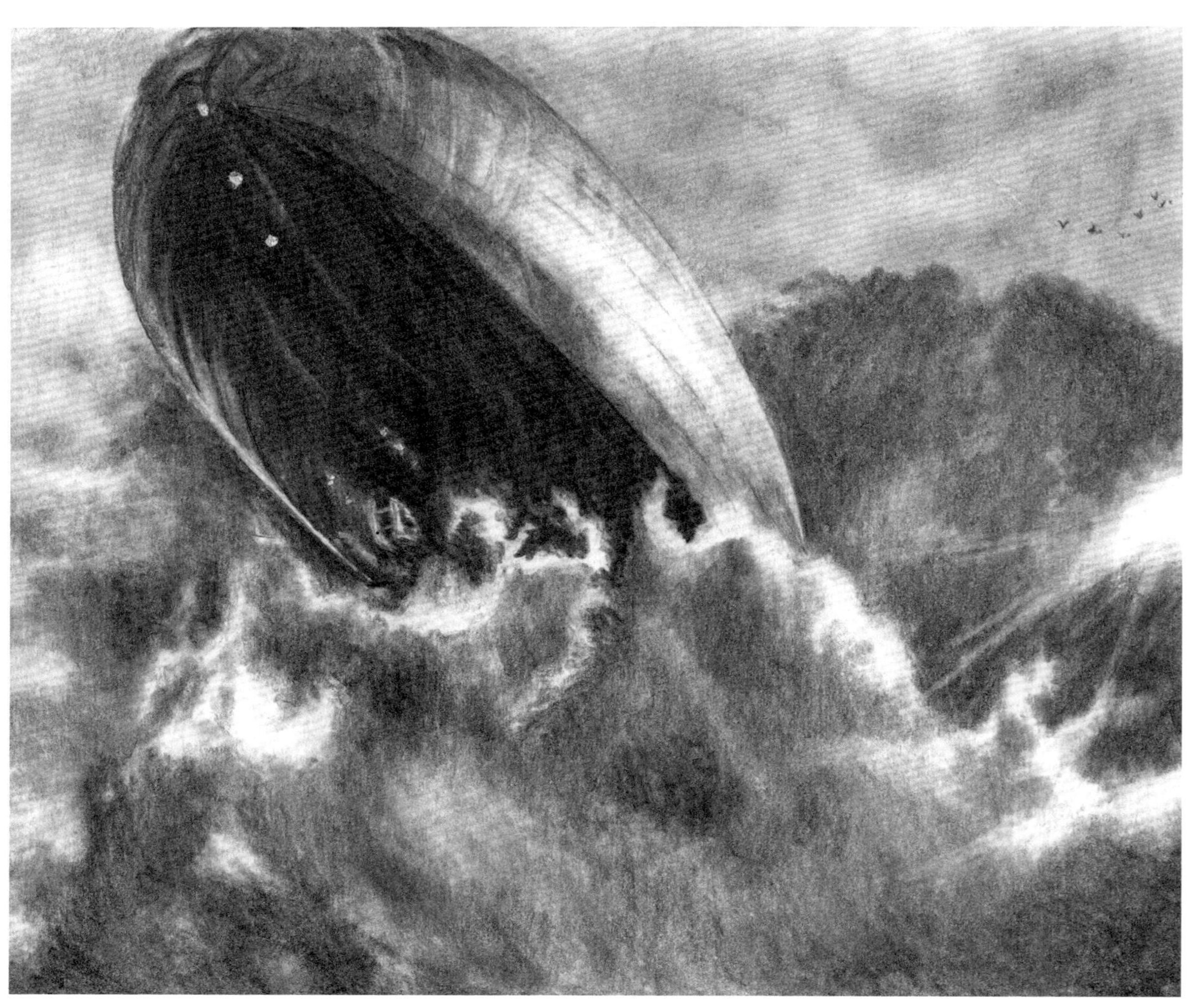

LUFTSCHIFF
Ich liebe Wolken. Hier wollte ich mich richtig austoben und die Wolkendecke mit einem tollen Objekt noch spannender machen.

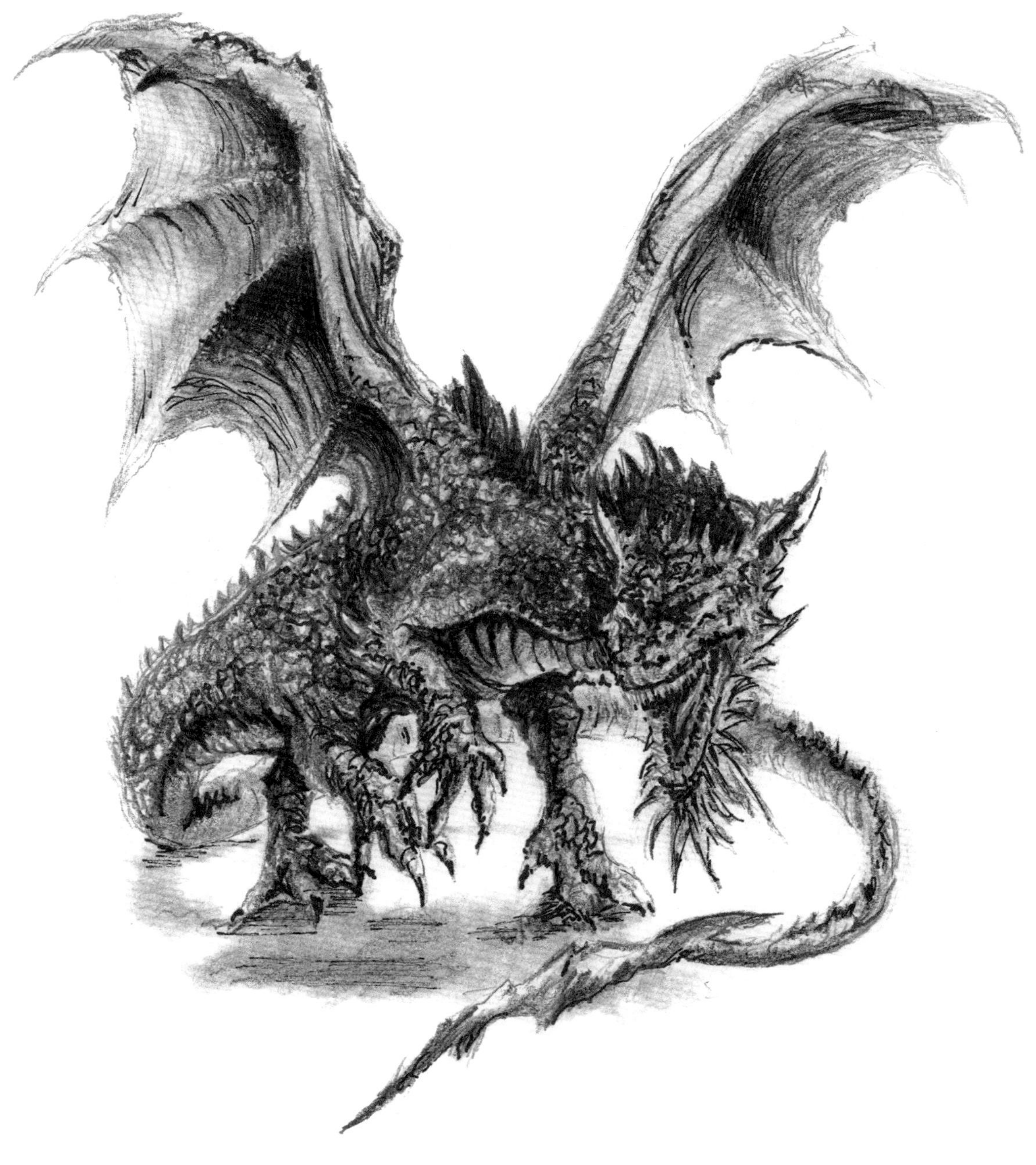

DRACHE

Auch in die Mythen kann man abtauchen. Herrlich!
– Der Fantasie sind keine Grenzen gesetzt.

DANKSAGUNG

Zuerst möchte ich mich bei all meinen Zeichenfreunden bedanken. Ohne euch wäre das alles nicht möglich gewesen. Dank euch kann ich das tun, was ich liebe.
Besonders möchte ich mich bei meiner Freundin bedanken. Sie hat immer an mich geglaubt, mich unterstützt und mir den Rücken freigehalten, damit ich meine Träume verwirklichen konnte.
Natürlich möchte ich auch meinen Kindern danken. Sie geben mir jeden Tag die Kraft und machen mir Mut. Ich liebe euch!
Danken möchte ich meiner Mutter für ihren Glauben an mich – seit jeher. Und danke auch an meinen Vater. Meinem Helden, der immer für mich da ist und mir hilft. Ich danke auch meinen Brüdern, die sofort da waren, als ich sie brauchte.
Dann danke ich meinem Mentor Georg Norberg. Er bereitete mir den Weg zum Online-Unterrichten.
Danke auch an Jörn Koltermann. Seine Unterstützung half mir immer wieder. Er hat mich oft auf meinen Weg zurückgebracht und mir Sicherheit gegeben.
Ganz lieb möchte ich auch Hannelore danken. Sie holte mich zum frechverlag und sah das Potenzial in diesem Projekt.
Ich danke dem frechverlag für die Zusammenarbeit und dem warmen Empfang. Ich wurde selten so herzlich aufgenommen. So hat es sehr viel Spaß gemacht, gemeinsam dieses Projekt auf die Beine zu stellen.
Und als Letztes noch ein Dankeschön an Staedtler, die sich sofort als Partner für dieses Projekt gewinnen ließen.

»GEMEINSAM KANN MAN GROSSES SCHAFFEN!«

Der Freischalte-Code lautet: 10784

IMPRESSUM

FOTOS: lichtpunkt Michael Ruder (S. 10/11, 34, 50, 60/61, 62/63, 74, 106/107, 108/109), Bildmonteure Frank Unsinn (S. 4), Chris Stahmer (alle restlichen)
KONZEPT UND PRODUKTMANAGEMENT: Hannelore Irmer-Romeo
LEKTORAT: Redaktionsbüro Niethammer, Ludwigsburg; Hannelore Irmer-Romeo
LAYOUT: Maria Seidel, atelier-seidel.de
COVER: Eva Grimme
SATZ/HERSTELLUNG: Heike Köhl
DRUCK UND BINDUNG: Neografia, Slowakei

1. Auflage 2021
Neuauflage von Best.-Nr. 6293

ISBN 978-3-7724-4775-4 · Best.-Nr. 4775